¡BIENVENIDO A
NORUEGA!

Aurora boreal en Trondheim.

En el extremo más septentrional del continente europeo, Noruega es una tierra habitada, pero aún salvaje que ha guardado celosamente sus riquezas. Con una monarquía parlamentaria, es también el reino de una naturaleza silvestre: salvaje, pero, sobre todo, majestuosa. Montañas, bosques, lagos, cascadas, playas de arena, inmensas extensiones de hielo o tierras desérticas barridas por el viento helado, la naturaleza adopta aquí mil caras. En ningún otro lugar encontrará unos fiordos tan sobrecogedores. Si visita alguno de ellos le dejará recuerdos inolvidables. También tenemos las playas del sur y los encantadores pueblos pesqueros. No hay nada más bonito que pasar la noche en uno de los faros costeros si quiere viajar en el tiempo. Después, hay que subir hasta el extremo norte, cubierto por un manto de nieve y bañado por una luz incomparable. Auroras boreales en invierno, el sol de medianoche en verano... Se trata de un paraíso tanto para los amantes de la naturaleza como para los amantes del deporte. Las posibilidades son infinitas: desde deportes de tabla hasta escalada, submarinismo y kayak.

Ante tal dominio, el hombre ha tenido que adaptarse. En el norte, el pueblo sami vive de la pesca, la cría de renos y el turismo. El centro del país está poco poblado y la gente se concentra en las costas y en las grandes ciudades más tranquilas. Oslo, la capital, combina hábilmente los encantos de una ciudad más rural con los de una moderna megalópolis.

Con una historia rica y llena de acontecimientos que se remonta a miles de años, el pueblo noruego y la madre naturaleza tienen mucho que contarnos. Cuna de vikingos y troles, de Munch y de Santa Claus, Noruega deslumbra a cualquiera.

AF276499

Terraza en Bryggen, el casco antiguo de Bergen.

ÍNDICE

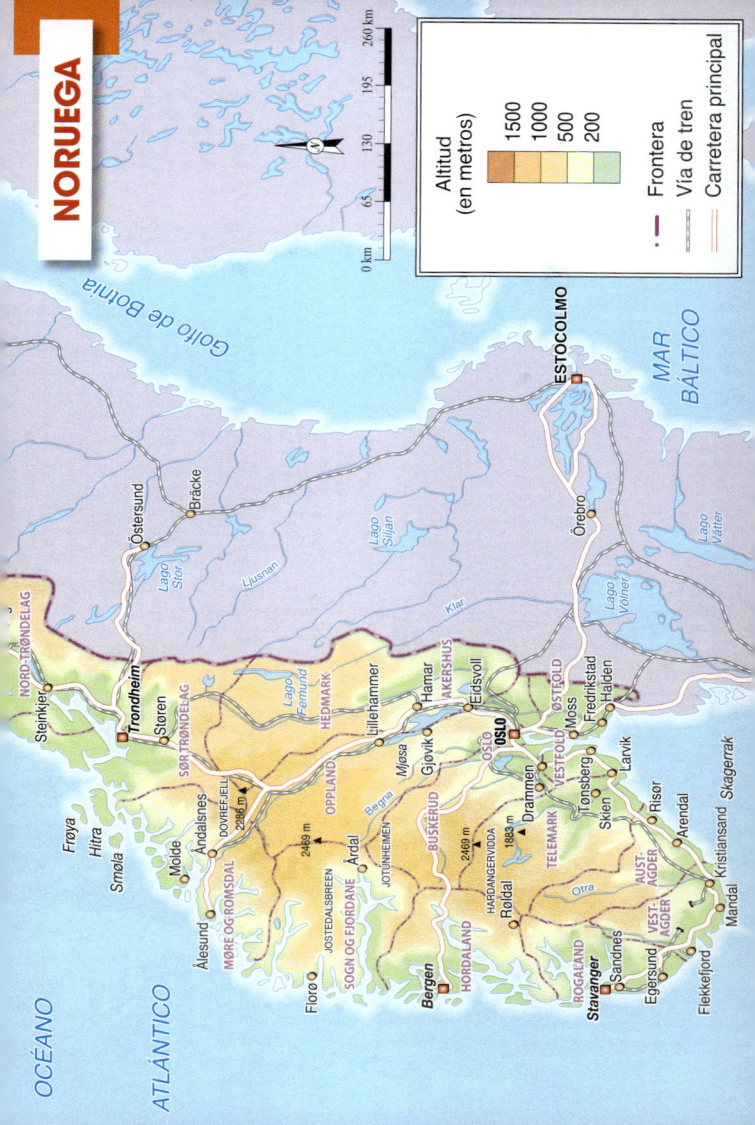

NORUEGA

Altitud (en metros)

- 1500
- 1000
- 500
- 200

Frontera
Vía de tren
Carretera principal

0 km · 65 · 130 · 195 · 260 km

OCÉANO
ATLÁNTICO

Golfo de Botnia

MAR
BÁLTICO

ESTOCOLMO

Örebro

Lago Siljan

Lago Vänern

Lago Vättern

Östersund
Bräcke

Lago Stor

Ljusnan

Klar

Steinkjer
NORD-TRØNDELAG
Trondheim
Støren
SØR-TRØNDELAG

Froya
Hitra
Smøla
Ålesund
Molde
Andalsnes
MØRE OG ROMSDAL
2286 m
DOVREFJELL

Lago Femund
HEDMARK
Lillehammer
Hamar
AKERSHUS
Eidsvoll

OSLO
OSLO

ØSTFOLD
Fredrikstad
Halden
Moss
ØSTFOLD
VESTFOLD
Larvik
Tonsberg
Skien
Drammen

JOSTEDALSBREEN
SOGN OG FJORDANE
2469 m
Ardal
JOTUNHEIMEN
OPPLAND
Begna
BUSKERUD
2469 m
HARDANGERVIDDA
1883 m
Røldal
Flora
Bergen
HORDALAND

Lago Mjøsa
Gjøvik

TELEMARK
AUST-AGDER
Risør
Arendal
VEST-AGDER
Kristiansand
Mandal
Flekkefjord
Egersund
Sandnes
Stavanger
ROGALAND
Otra
Skagerrak

Preikestolen y Lysefjord.

DESCUBRE

LO MÁS DESTACADO DE NORUEGA

Madre naturaleza

Sea cual sea la estación o el lugar, la naturaleza noruega es exuberante y absorbente, hasta resultar casi exagerada. En tres cuartas partes del país, solo se escucha el sonido del viento chocando contra las altas montañas y deslizándose sobre lagos y glaciares. Junto a esta tierra desierta del extremo norte, tenemos el bosque noruego, que cubre una quinta parte del país. En este inmenso espacio verde habitan alces, liebres y troles, pequeñas criaturas misteriosas que siguen muy vivas en las creencias locales, lo que demuestra que la naturaleza en Noruega no ha perdido nada de su magia.

Fiordos

Puede que nunca haya pisado suelo noruego, pero seguro que conoce los fiordos. Son el símbolo indiscutible del país y la mayoría de ellos se encuentran en el oeste. Estos antiguos valles glaciares cubiertos por el mar se pueden explorar a bordo de un pequeño ferri. Entre armonía y silencio, el reflejo de estos abruptos acantilados que caen sobre el agua transparente parece extenderse hasta el infinito. El fiordo más grande es el Sognefjord, que se extiende doscientos kilómetros tierra adentro.

Un sol fascinante

A medida que se avanza hacia el extremo norte, los abedules dejan paso a la tundra; la naturaleza se hace cada vez más pequeña y marchita, como si se doblara ante el sol, que en verano permanece sobre el horizonte para dar lugar a noches soleadas. Después, cansado de estar tanto tiempo activo, entre mayo y julio se pone y no vuelve a salir durante muchas semanas. Es entonces cuando aparece la noche polar.

Mentalidad noruega

Los noruegos viven en armonía con la naturaleza y el medio ambiente es una de las prioridades políticas del país.

© NATALIA COLLIER

Sol de medianoche en Tromsø.

Fiordo de Geiranger.

Su estado de ánimo no se ve afectado cuando el paisaje pierde su dulzura y se vuelve hostil. Lejos de caer en la melancolía de las noches polares, los noruegos se ponen en pie en un acto de rebeldía y hacen gala de un buen humor que podría dejar atónito a más de un sureño molesto por tener cielos nublados.

Una viaje con multiactividades

Senderismo, motos de nieve, piragüismo, trineos tirados por perros, esquí, patinaje sobre hielo... Multitud de deportes se practican en Noruega, donde la población alterna alegremente los deportes de invierno con los de verano. Los turistas tienen la oportunidad de probar diferentes actividades según la estación: ¿por qué no practicar telemark, *curling* o trineo tirado por perros? En verano, podrá disfrutar del senderismo o navegar por los majestuosos fiordos. Es una experiencia única.

Deportes de tabla

Cuando se trata de disfrutar del esquí, las motos de nieve o los trineos, Noruega es el lugar ideal. Aunque, por encima de todo, Noruega es la cuna del esquí de fondo, que atrae a aficionados cada año. Hay que decir que aquí esta disciplina es una profesión de fe, como demuestra la existencia del día oficial del esquí, o *skidag.* Los niños pasan un día entero aprendiendo las técnicas de este deporte con sus padres o con profesionales. Otros deportes populares son el esquí alpino, el salto de esquí, que se considera un deporte tradicional, y el esquí de Telemark, que, cómo no, se originó en Noruega. En resumen, los noruegos son excelentes maestros si le apetece iniciarse en este deporte.

FICHA TÉCNICA

País

▶ **Nombre oficial**: Reino de Noruega.

▶ **Capital**: Oslo.

▶ **Superficie**: 385 186 km² (61 881 km² de islas).

▶ **Idioma**: Noruego, que incluye dos variantes escritas diferentes: bokmål y nynorsk.

Población

▶ **Número de habitantes**: 5 597 924 (2023).

▶ **Densidad**: 14,5 habitantes por km².

▶ **Tasa de natalidad**: 1,18 ‰.

▶ **Tasa de mortalidad**: 0,79 ‰.

▶ **Esperanza de vida**: mujeres: 84,9 años; hombres: 80,6 años.

▶ **Tasa de alfabetización**: 100 %.

▶ **Religión:** Noruega evangélica luterana (87 %), musulmana (1,5 %) y católica (1 %).

Economía

▶ **Moneda:** La corona noruega o *norsk krone* (NOK).

▶ **PIB**: 579 000 millones de dólares (2022).

▶ **PIB/habitante**: 106 328 USD/habitante (2022).

▶ **PIB/sector**: sector primario: 2,3 %; sector secundario: 33,7 % y sector terciario: 64 %.

▶ **Tasa de crecimiento**: 3,3 %.

▶ **Tasa de desempleo**: 3,4 % (enero de 2023).

▶ **Tasa de inflación**: 5,9 % (marzo de 2023).

Parque Nacional de Jotunheimen.

LA BANDERA DE NORUEGA

Consiste en un fondo rojo con una cruz azul perfilada en blanco que se extiende hasta los bordes de la bandera. El aspecto de la bandera ha evolucionado en consonancia con los principales acontecimientos históricos del país. El largo periodo de dominio danés (1397-1805) estuvo simbolizado por el Danebrog, la bandera danesa, hasta que el país se unió a la Corona sueca. El león de Noruega hizo una aparición temporal antes de que la bandera adoptara su aspecto actual en 1821, cuando se incluyó una cruz azul en la cruz blanca del Danebrog. El rojo, el blanco y el azul son los colores de la libertad. La cruz, conocida como escandinava, es la misma que figura en los estandartes de Dinamarca, Islandia, Finlandia y Suecia. La leyenda de la cruz escandinava se remonta al siglo XIII cuando, en vísperas de la batalla de Lyndanisse, el rey danés Valdemar II (1170-1241) vio aparecer una cruz blanca en el cielo oscuro. Según la leyenda, el monarca interpretó esta visión como una señal de Cristo que le ordenaba masacrar a los desafortunados estonios, cosa que hizo al día siguiente. Esta leyenda dio origen a la cruz escandinava. Originalmente, la cruz era cuadrada, pero a lo largo de los siglos, uno de sus brazos se ha alargado.

Huso horario

Entre Noruega y Madrid no hay diferencia horaria.

Clima

Dependiendo de la estación del año en la que visite Noruega, tendrá una impresión completamente distinta del país.
En cualquier caso, conviene recordar el dicho noruego: «*Det finnes ikke dårlig vær, bare dårlig klær*», que significa «no existe el mal tiempo, solo la mala ropa».

¿En verano?

En verano, Noruega muestra el verdor de sus montañas al ritmo tranquilo de los fiordos y los cruceros.

¿En invierno?

El invierno, en cambio, ofrece opciones de transporte mucho más limitadas. Aunque no debe dejar que las temperaturas lo desanimen, ya que es un frío seco y es más soportable que uno húmedo. Necesitará meter en la maleta la ropa de más abrigo que tenga. Las Navidades son una de las mejores épocas para pasar unas vacaciones de invierno.

NORUEGA EN 10 PALABRAS

Auroras boreales

Pueden verse por toda Noruega los días despejados entre los equinoccios de otoño y primavera (21 de septiembre-21 de marzo). Sin embargo, tiene más posibilidades de observar este misterioso fenómeno entre diciembre y marzo, cuando las condiciones meteorológicas son óptimas, ya que nieva, no llueve.

Aunque las auroras boreales pueden observarse en toda Noruega, son más frecuentes e impresionantes más allá del Círculo Polar Ártico: en Lofoten, Tromsø y por toda la costa hasta el cabo Norte.

Iglesias

En el campo suelen ser de madera y están pintadas de blanco o rojo y rodeadas de un pequeño cementerio parecido a un jardín inglés. En las ciudades encontramos iglesias construidas en piedra. La más bonita es la catedral de Nidaros, en Trondheim. Suelen estar cerradas fuera de los oficios religiosos y, cuando se organizan visitas guiadas, suelen ser de pago. Las *stavkirke,* «iglesias de madera en pie», siguen siendo una de las particularidades del país. Se remontan a los primeros tiempos de la Noruega cristiana (1030). Toda la madera está colocada verticalmente, de ahí su nombre. La fecha de su construcción, hacia el final de la gloriosa epopeya vikinga, hace que parezcan más bien templos paganos con sus múltiples tejados erizados con las mismas cabezas de dragón que las de las proas de los *drakkar*. Recubiertas de alquitrán para su conservación y carentes de ventanas, estas pequeñas y oscuras iglesias tienen un aire ligeramente espeluznante. La mayoría de ellas fueron destruidas durante el siglo XIX y hoy solo quedan veintiocho en Noruega. La más famosa y antigua es la iglesia de Urnes, declarada Patrimonio de la Humanidad por la Unesco.

Ferri

Si va a la costa occidental, le resultará casi imposible no tomar un ferri para cruzar los fiordos. ¿Y por qué no iba a hacerlo? Son baratos, le ahorrarán mucho tiempo y podrá pasar un rato agradable en cubierta disfrutando de un *softis,* un helado italiano que les encanta a los noruegos.

Fiordo

Los fiordos, inmensos y majestuosos con sus acantilados que se precipitan sobre aguas caudalosas y que son testigos del maridaje entre el océano salado y las aguas dulces de los glaciares, son una visita obligada en Noruega. Se pueden explorar a pie, por el agua, en coche, por las laderas en tren e incluso por el aire para los más atrevidos.

Hytte

Muchos noruegos salen a la carretera temprano los viernes y durante las vacaciones para llegar a su *hytte*, «cabaña», y esquiar el fin de semana. Los *hytte* suelen ser simples cabañas de madera con pocas comodidades: sin conexión a la red de alcantarillado, sin agua caliente y a veces incluso sin electricidad, y los aseos suelen estar fuera. En resumen, antes de alquilar una, conviene informarse sobre su nivel de confort y accesibilidad.

Kos

Equivalente de la palabra danesa «*hygge*», este término tan extendido representa el bienestar, un ambiente cálido, acogedor y reconfortante; en resumen, el arte de vivir a la escandinava. También se utiliza para evocar los placeres sencillos de la vida, como una velada alrededor del fuego con unas velas y buena compañía.

Pesca

Al igual que el esquí, la pesca marítima y de agua dulce es un deporte nacional. No se necesita permiso ni licencia para pescar en alta mar o desde la costa, pero la normativa es muy estricta y respetada por todos. El sector de la acuicultura también supone un gran impulso económico para Noruega, que exporta el 95 % de su producción a Europa.

Skål

Es el equivalente a nuestro «salud» cuando brindamos y probablemente la expresión que más utilizará, si no es el caso ya. Pero tenga en cuenta que en Noruega no hace falta chocar las copas, aquí se suele hacer lo siguiente: primero,

© RUBEN RAMOS – ISTOCKPHOTO.COM

levante la copa hacia la otra persona y mírela, segundo, beba un sorbo y, tercero, repita el primer paso.

Esquí

Se podría decir que los noruegos han nacido con los esquís en los pies, ya que el esquí forma parte de ellos. Aunque se puede esquiar desde la puerta de casa hasta el campo, también es muy fácil ir a esquiar desde cualquier ciudad de Noruega: en Oslo, por ejemplo, se puede llegar en metro a las pistas de esquí nórdico y alpino.

Trol

En la mitología nórdica, un trol es una criatura sobrenatural bastante grande, repulsiva y malévola que vive en los mares, las montañas o los bosques. Los troles son una parte fundamental del folclore escandinavo y pueden encontrarse de muchas formas en el arte y la literatura, lo que lo convierte en uno de los símbolos de Noruega.

PINCELADAS SOBRE NORUEGA

Geografía

Noruega, que ocupa la costa occidental de la alargada península escandinava frente al mar del Norte, se extiende dos mil kilómetros de norte a sur. Entre el lecho de un fiordo y la frontera sueca, a veces solo hay unos pocos kilómetros de ancho. Alrededor de un tercio del país se encuentra al norte del Círculo Polar Ártico, donde el sol de medianoche brilla las 24 horas del día en verano. Esta luminosidad acelera el crecimiento de las plantas durante el corto, pero intenso, periodo estival.

El país tiene una superficie de unos 325 000 km², pero la mayor parte no es apta para vivir permanentemente y solo se cultiva el 3 % de la tierra. La población, algo menos de cinco millones de habitantes, se concentra en el sur del país, principalmente en torno a la capital, Oslo, y en la costa, donde se localizan las otras grandes ciudades: Stavanger, Bergen y Trondheim.

▶ El 1 de enero de 2020, Noruega redistribuyó sus condados (*fylker*), que aparecen actualizados en esta guía. En 2025, Noruega solo contará con quince condados tras la decisión de disolver el controvertido nuevo condado de Viken, que había fusionado los condados de Akershus, Buskerud y Østland. Al final, estos tres últimos resurgirán de sus cenizas y se anulará la fusión de los condados de Vestfold y Telemark, y de Troms y Finnmark. Todo un quebradero de cabeza.

Clima

El clima marítimo, suavizado por la corriente del Golfo, atenúa este litoral verde y provoca abundantes precipitaciones. El invierno y el verano no están muy marcados por el mar. En Tromsø, una ciudad del extremo norte, la temperatura media invernal es de solo -4 °C, pero en cuanto uno se aleja de la costa hacia el interior, empieza a notarse el frío. En la misma latitud que Tromsø, en Karasjok, la capital de los samis en el interior de la meseta de Finnmark, las temperaturas pueden descender hasta -50 °C en invierno.

© TRIDLAND – ISTOCKPHOTO.COM

Henningsvær, en las islas Lofoten.

FIORDOS

Es imposible separar a Noruega de sus fiordos. Ellos han forjado la reputación del país como destino turístico. Los fiordos son una marca registrada, *made in Norway*, aunque existan en otras partes del mundo como en Escocia, Canadá, Islandia, Montenegro o España. Los de Noruega son los más impresionantes, tanto por su tamaño como por la naturaleza salvaje que los ciudadanos han sabido preservar. Cuando los glaciares se derritieron, cavaron profundos valles tierra adentro antes de retirarse al mar. Lo que queda hoy son estos pasos rodeados de escarpadas montañas. Gracias a la exuberante vegetación y a la fértil tierra, han llegado a surgir pueblos que han sabido hacer frente a un entorno hostil y a enormes cadenas montañosas que se adentran abruptamente en el mar. En un mapa, la costa noruega parece una especie de fino encaje. Quebrada y dentada como en ningún otro lugar, merece la atención de todo turista. El fiordo más largo, el Sognefjord, mide 204 kilómetros de longitud, y algunos están clasificados como Patrimonio de la Humanidad de la Unesco. El fiordo de Geiranger está considerado, con razón, el más bonito de Noruega.

DESCUBRE

Las temperaturas en Noruega siguen siendo mucho más bajas que en los países del sur de Europa. Una temperatura de 0 °C no se percibe como realmente fría. A partir de -10 °C, los noruegos admiten que *hace frío* y, del mismo modo, con 10 °C dicen que hace calor. En el norte, cualquier temperatura positiva se percibe como cálida. En una ciudad como Kautokeino, las temperaturas pueden descender hasta -50 °C en invierno. Por eso es comprensible que el Estado ofrezca sustanciosas rebajas fiscales a quien acepte mudarse allí.

Medioambiente

Noruega adoptó hace tiempo el principio del reciclaje selectivo, por el que cada habitante dispone de tres contenedores: uno para el papel, otro para el plástico y otro para otros residuos, siempre que no sean de vidrio, ya que en cada barrio se han instalado contenedores especiales para los residuos de vidrio transparente y no transparente. La mayoría de las botellas de vidrio y plástico son retornables y pueden depositarse en los supermercados.

Los vehículos eléctricos pueden comprarse sin ningún impuesto estatal, una gran ventaja, ya que reduce el precio a la mitad; sin pegatina de circulación y sin pagar los peajes urbanos. En 2022 el 79,3 % de los coches nuevos vendidos fueron 100 % eléctricos.

Flora y fauna

Fauna

La fauna es muy diversa y numerosa. Uno de sus emblemas es, sin duda, el famoso reno, que se instaló en Noruega al final de la Edad de Hielo, colonizando las mesetas de la tundra.

◗ **Con su pelaje largo y espeso,** su cola corta y su hocico, el reno está perfectamente adaptado a su hábitat. Sus pezuñas cóncavas, que se extienden como miniraquetas de nieve y están casi desproporcionadas en relación con sus altas patas, le permiten desplazarse fácilmente por el suelo blando de los barrizales. En el agua las utiliza como remos y lo convierten también en un excelente nadador. En invierno, sigue utilizando sus pezuñas para encontrar comida limpiando la nieve del suelo. Gracias a su excelente olfato, el reno puede detectar plantas, pero tiene muy mala vista.

Durante mucho tiempo, se pensó que solo se alimentaba de líquenes, pero la sobreabundancia de plantas, que aprovechan el intenso verano ártico para florecer y sembrar sus semillas, le proporciona una dieta diversificada que le permite soportar las durezas del invierno. En la tundra abundan las hojas tiernas de sauce y abedul, los gruesos tallos de angélica, las hierbas y los líquenes. Únicos entre los cérvidos, tanto machos como hembras lucen una elegante cornamenta que les confiere un aspecto altivo. Los renos pueden alcanzar velocidades de 80 km/h. Es muy común domesticar a los renos, que aceptan tirar de los pesados trineos. Pero la domesticación nunca es completa: los renos no pueden ser adiestrados y guiados como los caballos.

◗ **En la meseta de Finnmark,** el reno no está a salvo de los depredadores, especialmente lobos y, sobre todo, glotones, que son famosos por su voracidad. Los linces y los osos también hacen estragos en los rebaños. Los jóvenes cervatillos pueden sucumbir a los colmillos de los zorros polares y a las garras de las águilas. En el norte de Noruega hay unos 250 000 renos domesticados y 40 000 salvajes, que pastan en la meseta de Hardangervidda, al sur del país. En esta zona vivían lobos, osos y linces, pero casi todas

Rebaño de renos.

¿SUR O NORTE?

Un aspecto importante que hay que tener claro en un viaje a Noruega es la noción del «norte». Muchos turistas consideran a Noruega en sí misma como el norte, pero para los noruegos, el norte empieza más allá del Círculo Polar Ártico, a partir de Narvik. Nordland sería el primer *fylke* (condado) perteneciente al norte. Esta distinción es especialmente importante a la hora de visitar el país, ya que las distancias entre el norte y el sur son tan grandes que visitar ambas regiones durante las mismas vacaciones es relativamente inconcebible, a menos que se tome el tren de la costa Express o se viaje en avión, lo que supone invertir un presupuesto de más de 1500 euros por persona. En resumen, visitar Noruega consiste en elegir entre el sur y el norte. Los precios se mantienen similares durante todas las estaciones, excepto con el material de esquí, cuyo precio sube subrepticiamente hacia noviembre. Así que la temporada alta para el turismo no supone una subida de precios en las tiendas y hoteles. A pesar del impulso que supusieron los Juegos Olímpicos de Invierno de Lillehammer (1994), Noruega no ha logrado consolidarse como destino turístico de primer orden.

DESCUBRE

estas especies han desaparecido. Otras especies, como el urogallo y la marta, están en declive. En cambio, el castor y el alce están muy bien y sus poblaciones no dejan de aumentar. Es posible cazar alces debido a su gran población. En cuanto a los castores noruegos, son tan numerosos gracias a una drástica política de protección y, a veces, se envían a otros países europeos para preservar la especie. En la costa noruega hay focas, pero su presencia amenazaba la pesca y fueron cazadas. Desde entonces, su población ha disminuido drásticamente y vuelven a estar protegidas.

▶ Las aguas del país albergan salmones, truchas y salvelinos, tanto en ríos como en el mar. En el norte del país también se encuentran peces llegados del Báltico a través de Rusia, como la perca, el corégono fera y el lucio.

▶ Los observadores de aves encontrarán su paraíso en la costa. Las montañas de la costa noruega albergan muchas especies de aves marinas. Cientos de miles de aves desde Runde hasta la frontera rusa viven en las montañas de las pequeñas islas de la costa, alimentándose y dependiendo de los peces. Desde finales de los años 1970, hay muchas especies que han desaparecido como consecuencia de la sobrepesca de peces como el arenque, el capelán y la caballa.

Entre las aves se pueden observar: alcatraces, cormoranes, araos comunes y árticos, águilas marinas, pingüinos, frailecillos y halcones peregrinos. Pero el Gobierno noruego es conocido por su gran preocupación por el medio ambiente, que es una prioridad en su agenda política.

© ANETLANDA – SHUTTERSTOCK.COM

*Epilobio (*Chamaenerion angustifolium*).*

Flora

Favorecida por los niveles de humedad, la vegetación se adapta en función de la temperatura y la luz. Por encima del gran dominio de los grandes bosques de pinos y abetos, los abedules aumentan de altura para dar paso a la zona alpina. Estos bosques boreales dominan la mayor parte del país. En el extremo norte, la tundra extiende su alfombra de musgo y líquenes entre abedules árticos y sauces enanos. Parecida a los páramos, a menudo pantanosos, la tundra está cubierta de musgos, brezos y arándanos, que se va aclarando bajo el manto de la nieve.

Las montañas ocupan tres cuartas partes del país y están cubiertas de bosques de pinos y abedules. En el este y el centro del país, predominan los bosques de abetos. La flora está estrechamente ligada al clima. En regiones como el oeste, donde el clima es suave y la nieve casi inexistente, se han desarrollado páramos de brezo púrpura y acebo. El pino predomina por todo el país y

resiste largos periodos de frío. Desde el sur hasta Trondheim, encontrará robles, tilos, arces, avellanos y olmos.

En el norte, hallará árboles de hoja caduca aún más resistentes, como abedules, serbales y alisos. En las montañas, encontramos especies florales parecidas a las de los Alpes. Luego están las plantas americanas, que crecen en dos zonas muy concretas del norte y del sur del país. La migración de las especies sigue siendo difícil de explicar, pero muchas plantas solo se localizan en Canadá. En Noruega hay veinticinco parques nacionales donde la naturaleza está estrictamente protegida. Abarcan desde enormes mesetas con renos salvajes hasta glaciares, fiordos, montañas y bosques de pinos.

Los noruegos se preocupan por su paisaje. Por eso, a pesar de su gran conciencia ecológica, están muy divididos sobre la construcción de parques eólicos en sus costas. Solo hay cinco en el país, en el norte, y no son muy grandes.

HISTORIA

Noruega toma su nombre del nórdico antiguo Nordhrvegr, «el camino del norte». A excepción de los sami del extremo norte, sus habitantes son la rama escandinava occidental de los pueblos germánicos. Los vikingos escandinavos fueron de los primeros en utilizar caracteres rúnicos. En el siglo XI, Noruega aún no era un Estado. Estaba dividida por constantes luchas internas entre reyezuelos vikingos. Hasta el siglo XIII no se convirtió en un reino unido, pero del XVI al XIX su historia se entrelazó con la de Dinamarca. Partiendo de una unión libre, se convirtió en una provincia solo apta para la explotación. Los noruegos llaman a este oscuro periodo «la larga noche de los cuatrocientos años». A la autoridad de Copenhague sucedió la tutela de Suecia, que, no obstante, permitió al país cierta autonomía administrativa.

No fue hasta 1905 que Noruega se independizó totalmente, optando por una monarquía constitucional sobre la que reina actualmente el rey Harald V. Conocida por su amor a la libertad que tanto tardó en adquirir y su minucioso respeto a las reglas democráticas, Noruega aprendió, sin embargo, que la neutralidad era imposible tras la ocupación alemana durante la Segunda Guerra Mundial. Desde 1945, ha adoptado el sistema de seguridad colectiva de las Naciones Unidas. Desde el punto de vista literario, Noruega e Islandia apenas se distinguían en la Edad Media. Sin embargo, la transición a la dominación danesa creó un problema lingüístico: la forma de expresión danesa-noruega (riksmål) obstaculizó el desarrollo de una lengua local (landsmål),

conocida hoy como neonoruego (nynorsk). Esto explica el carácter activista de la literatura noruega, cuyos representantes más conocidos son Henrik Ibsen (1828-1906), Knut Hamsun (1859-1952), Sigrid Undset (1882-1949) y, más recientemente, Tarjei Vesaas (1897-1970). Noruega se considera también uno de los Estados de bienestar moldeados por varias décadas de socialdemocracia.

La antigua Noruega (siglos VIII-XII)

No existía ninguna estructura estatal antes de que el clan Ynglingar de Viken (Ynglingeætten), en el fiordo de Oslo, empezara lentamente a construir una monarquía. Según la tradición, eran de origen sueco.

Otros linajes también se establecieron en el este y, sobre todo, en el centro del país, en Trøndelag. Las estructuras de esta antigua sociedad se basaban en una poderosa aristocracia terrateniente que giraba en torno a estos reyezuelos. Poco después del año 700, los primeros noruegos partieron en busca de nuevas tierras en los archipiélagos escoceses. Fue el comienzo de la era de los vikingos. Los navíos encontrados en los túmulos principescos de Oseberg (ahora en el Museo de Barcos Vikingos de Oslo, que se reabrirá en 2026) dan fe de su dominio de los mares. La unificación de Noruega comenzó con el rey Harald I, de hermosa cabellera. En el 872, en la famosa batalla de Hafrsfjord, en la costa de Jæren, aplastó a los reinos occidentales con su poder naval e instauró a sus hijos en todas las provincias que gobernaba hasta Trøndelag.

Los jefes vikingos que no aceptaron su autoridad fueron desterrados del país. Emigraron a las islas escocesas o a Islandia. Pero los descendientes de Harald, Erik Blodyks y Håkon el Bueno, no impidieron que Trøndelag recuperara su autonomía bajo los *jarl* (reyes) de Lade. Håkon el Bueno, criado y bautizado en la corte inglesa, trató de imponer el cristianismo hacia el año 950. Su intento tuvo cierto éxito en la costa occidental, donde ya existían vínculos comerciales con Inglaterra. Sin embargo, en las provincias centrales de Trøndelag, las que tenían mayor densidad de población de la época, encontró una oposición tan violenta que tuvo que renunciar a toda esperanza de conversión.

No fue hasta alrededor de 995 cuando la resistencia pagana en el feudo de Trøndelag fue quebrada por otro rey cristiano, Olaf Tryggvasson. Pero solo reinó unos pocos años (995-1000) y

murió en la batalla de Svolder contra los reyes daneses y suecos. El paganismo noruego disfrutó entonces de un breve respiro antes de llegar a su fin quince años más tarde, cuando el rey Olaf II Haraldsson lanzó una nueva ola de evangelización, confiando más en la espada que en la palabra.

Una vez más, fue en Trøndelag donde la resistencia resultó más feroz, desencadenando un levantamiento entre los Bønder (terratenientes). El rey Olaf murió en 1030 en la batalla de Stiklestad contra los Bønder. A pesar de la derrota de este rey cristiano, la batalla de Stiklestad marcó el fin del paganismo en Noruega. Surgieron leyendas de milagros que ocurrieron en la tumba del rey, canonizado más tarde por Roma.

Los últimos bastiones de la resistencia cayeron en pocos años. Peregrinos de toda Europa cruzaron las mesetas montañosas de Dovrefjell hasta la catedral de Nidaros (Trondheim), erigida en honor del santo Olaf.

▶ **Los efectos del cristianismo.** La conversión de Noruega al cristianismo ya había sido emprendida por misioneros alemanes y, sobre todo, ingleses. Se establecieron tres diócesis en Nídaros (Trondheim), Selja (transferida más adelante a Bergen) y Moster. Se desarrollaron instituciones en las provincias, que se agruparon en cuatro *ting* (parlamentos): Frosta en el fiordo de Trondheim, Gula en la costa oeste, Borg en el fiordo de Oslo y Eid en el interior.

Cada parlamento elaboraba su propia legislación alejada del resto de la cristiandad latina. No obstante, el siglo XI estuvo dominado por el espíritu vikingo, cuyo mejor ejemplo fue el intento de

Monumento a Leif Erikson, explorador noruego.

DESCUBRE

ATENTADOS DE OSLO Y UTØYA (2011)

El 22 de julio de 2011, Noruega se sumió en el terror cuando dos mortales atentados terroristas golpearon en rápida sucesión al actual gobierno laborista y a la población civil. El primer objetivo fue el distrito gubernamental de Regjeringskvartalet, en Oslo. Una bomba explotó frente a las oficinas del ministro de Estado, Jens Stoltenberg, matando a ocho personas e hiriendo a otras quince. Aprovechando la conmoción, se produjo un segundo atentado en la isla de Utøya, en un campamento juvenil organizado por el Partido Laborista Noruego. Un hombre disparó contra los civiles y políticos presentes, matando a 69 personas e hiriendo a otras 38.

Fue el atentado con más muertes de Noruega desde la Segunda Guerra Mundial. El número de muertos fue más del doble de la media anual de asesinatos. El tirador de la masacre de Utøya fue detenido en el lugar de los hechos ese mismo día. Anders Behring Breivik, antiguo miembro del Partido del Progreso (derecha nacional-conservadora) fue declarado culpable y condenado en 2012 a 21 años de cárcel. Confesó que su principal objetivo era la primera ministra Gro Harlem Brundtland, que había pronunciado un discurso una hora antes en la isla de Utøya.

conquista de Inglaterra en 1066 por el rey Harald el Severo, antiguo oficial al servicio de Bizancio.

Este intento de conquistar Inglaterra fracasó solo unos días antes de que desembarcara Guillermo el Conquistador, bisnieto de Rollon, otro vikingo noruego que gobernó Normandía. El tapiz de la reina Matilde, en Bayeux, relata esta batalla. Los descendientes de Harald el Severo lucharon por la corona noruega. Algunos vivieron como vikingos, como Magnus III, que dirigió dos expediciones a tierras celtas, mientras que Sigurd Jorsalfar dirigió todo un ejército de cruzados a Jerusalén. Otros como Olav Kyrre desarrollaron un Estado menos rudimentario con la ayuda de la Iglesia. La cristianización tuvo un impacto considerable en el país. El orden social tradi-

cional, basado en la familia y el clan, fue desapareciendo, sustituido por un poder fuerte y centralizado cuyas dos instituciones principales eran la realeza y la Iglesia. Los dioses de la antigua religión pronto fueron equiparados a demonios y considerados espíritus diabólicos. El cristianismo trajo consigo una concepción diferente del mundo y una nueva idea del hombre, ya que el pecado y la gracia eran conceptos desconocidos para los antiguos escandinavos. La doctrina cristiana de la sumisión de la mujer al hombre también era nueva. Esto provocaría una transformación radical en la concepción nórdica de la mujer.

En el siglo XII, Noruega seguía dividida por las luchas entre pretendientes al trono.

De la unificación a la unión

Por otro lado, el orden eclesiástico se fortalecía. La corona no recuperó parte de su poder hasta finales de siglo, gracias a un aventurero, Sverre, que afirmaba ser descendiente de los antiguos reyes. Se apoyó en un grupo de forajidos hostiles a los prelados, los Birkebeiner («los de las polainas de corteza de abedul», véase la carrera de esquí Birkebeinerrenet en Lillehammer), y en una guardia juramentada, los Hird. Las disputas con los obispos desembocaron en una lucha armada contra el partido eclesiástico de Bagler. Esta nueva monarquía fue perpetuada por su nieto, Håkon Håkonsson, que estableció su capital en Bergen, el puerto más activo del país en aquella época. En 1250, Håkon estableció los primeros vínculos comerciales hanseáticos con Lübeck, al mismo tiempo que mantenía contactos con Inglaterra y Francia. Su coronación por el cardenal marcó su reconciliación con la Iglesia y propició la construcción de una espléndida catedral gótica de piedra en Nídaros (Trondheim), símbolo del triunfo de la estética occidental sobre la antigua arquitectura de madera. El hijo de Håkon, Magnus el Legislador, unificó las leyes del país.

La siguiente generación fue menos afortunada, ya que Erik Magnusson y su hermano Håkon V tuvieron que enfrentarse a los comerciantes alemanes de la Liga Hanseática, que cada vez eran más emprendedores.

Mientras la Liga Hanseática reforzaba su dominio sobre Bergen, Håkon V trasladó su capital a Oslo. Como el rey solo dejó una hija, su corona pasó a su nieto, el príncipe sueco Magnus VII Eriksson, primer eslabón de una cadena de sucesiones muy complicada. En 1380,

acabaron cediendo Noruega al joven Olaf, ya rey de Dinamarca, y, más concretamente, a su madre, la reina Margarita, que gobernó hasta 1412. La unión de los tres reinos escandinavos se selló en Kalmar en 1397.

Como el eslabón más débil, Noruega fue la que más salió perdiendo en esta unión inicialmente igualitaria.

▶ **Unión Dinamarca-Suecia-Noruega (1380-1523).** Las rencillas provocadas por la unión condujeron a la independencia de Suecia en 1523, mientras que en Noruega la aristocracia en declive se dejó colonizar por una fuerte nobleza sueca y germano-danesa. Pero fueron sobre todo los factores económicos y sociales los que hicieron de esta unión el periodo más oscuro de la historia noruega. Los desastrosos efectos de la gran peste negra de 1348-1349 y la dependencia del comercio alemán, que se había convertido en proveedor indispensable de cereales, llevaron a la ruina total a poblaciones rurales enteras. La pequeña aristocracia noruega se vio obligada a dar paso a un reducido número de funcionarios inmigrantes. La vida intelectual y artística empezó a declinar y, en el siglo XV, hasta la lengua noruega decayó ante la irrupción del danés, que constituyó la base del *bokmål*, el noruego que se habla hoy.

▶ **Unión danesa-noruega (1523-1814).** El debilitamiento de Noruega, explotada sin piedad por los comerciantes germánicos de la Liga Hanseática, facilitó la implantación del luteranismo. La cédula real impuesta en 1536 por Cristián III convirtió a Noruega en una simple provincia de Dinamarca. En principio, se trataba de una monarquía dual, pero la nobleza danesa monopolizaba casi todos

Pinturas rupestres en Alta.

los latifundios, incluidos los bienes de la Iglesia confiscados por la Reforma. No obstante, la costa noruega se benefició de la expansión económica del siglo XVI y los puestos comerciales germánicos se vieron obligados a retirarse ante la presión de los comerciantes y armadores escandinavos. Incluso el muelle hanseático de Bergen se vio sacudido. Pero los barcos holandeses pronto sustituyeron a los de la Liga Hanseática y se establecieron en todas las actividades económicas noruegas (véase el antiguo barrio holandés que se conserva en la pequeña ciudad de Flekkefjord, en la costa sur). Con la creciente demanda de madera en Europa, la silvicultura se desarrolló espectacularmente gracias al uso de la sierra hidráulica, inventada en 1520. Noruega se convirtió en el principal proveedor, pero los bosques costeros se agotaron pronto y hubo que transportar la madera por los ríos desde el interior. A principios del siglo XVII, la nueva burguesía noruega, siguiendo los pasos de los holandeses y los ingleses, se equipó con grandes barcos, cada vez más sofisticados, para la pesca del arenque y el bacalao. Suministrando la sal y comprando los cargamentos de pescado, estos *nuevos ricos* acabaron controlando todo el comercio, explotando a los pescadores pobres, sobre todo en el norte. En el sur, este capitalismo urbano en ascenso dominó aún más la caza de ballenas (véase el actual museo de Tønsberg, lugar de nacimiento de Sven Foyn, inventor de una nueva arma mortífera para la caza de ballenas). La minería es otro factor importante en el desarrollo económico del país. A instancias de Cristián III, la minería comenzó con mineros alemanes. Pero fue sobre todo Cristián IV quien llevó esta nueva actividad a todo el reino. Tras reconstruir Oslo después del gran incendio y rebautizar la ciudad con el nombre de Christiania, hizo explotar las minas de plata de Kongsberg y las de cobre de Røros. Se abrieron minas de hierro en los alrededores de Kristiansand, ciudad recién creada por este rey constructor.

▶ **El buen rey Cristián IV.** Cristián IV quiso proteger a los campesinos de la opresión de los señores. Se abolió el privilegio de nobles y funcionarios de viajar a costa de la población rural. Además, la Ordenanza Religiosa de 1607 sometió a la Iglesia al dominio real. La administración noruega se modernizó en respuesta a las exigencias de las guerras contra Suecia (1643-1645 y 1657-1660). La pérdida de las provincias de Jämtland y Härjedalen como consecuencia de estas guerras supuso un duro golpe para la nobleza danesa, que perdió así poder político. Además, la cédula real de 1662 concedía a doce ciudades noruegas el monopolio del comercio en el interior. Sin embargo, el dominio económico danés se vio reforzado por la exportación de hierro y vidrio exclusivamente a Dinamarca y la importación de cereales en Noruega reservada al grano danés. En 1660, abrumado y desangrado por estas guerras, el gobierno danés comenzó a vender miles de granjas pertenecientes a la corona. Los agricultores noruegos fueron los principales beneficiarios.

Como consecuencia, su situación llegó a ser muy superior a la de los campesinos de Dinamarca. A finales del siglo XVII, bajo el impulso del virrey Gyldenløve, Noruega desarrolló su propia armada. A principios del siglo XVIII, esta prosperidad se vio seriamente comprometida por las pruebas de la Gran Guerra del Norte contra Carlos XII de Suecia. Sin embargo, a partir de la década de 1730, el aumento de los precios favoreció el desarrollo de la burguesía, mientras que la expansión agrícola propició la aparición de un semiproletariado rural de acaparadores de tierras entre 1720 y 1850. Un levantamiento campesino puso

de manifiesto la necesidad de reformas, en particular la abolición del monopolio del grano.

▶ **El despertar del sentimiento nacional.** El verdadero despertar del campesinado noruego fue provocado por el pietista Hans Nielsen Hauge. Su mensaje dejó una huella indeleble en el luteranismo noruego, que se asoció al espíritu de empresa. El sentimiento nacional se fortaleció sin cuestionar la lealtad monárquica. La crisis que iba a romper la unión entre Dinamarca y Noruega no se desarrolló hasta después de 1807, cuando el ataque británico a la flota danesa llevó al príncipe regente Fredrik a abandonar la neutralidad y unirse a la causa de Napoleón. El bloqueo británico redujo a gran parte de Noruega a la inanición al cortar el suministro de grano procedente de Dinamarca. El Tratado de Kiel entre Suecia y Dinamarca del 14 de enero de 1814 otorgó Noruega a Suecia sin más, lo que ofendió a los noruegos. Suecia pasó a ser gobernada por Bernadotte, antiguo mariscal de Napoleón, que más tarde fue nombrado rey de Suecia con el nombre de Karl Johan. El 17 de mayo, el virrey danés Christian Fredrik convocó una asamblea noruega en Eidsvoll, que votó una constitución de inspiración franco-estadounidense.

La Constitución se basaba sobre todo en la separación de poderes: las competencias legislativas recaían en el Storting (Parlamento) y el monarca conservaba las ejecutivas. La fecha del 17 de mayo se convirtió posteriormente en día festivo de Noruega. Esta injerencia danesa en los asuntos internos de una Noruega que había pasado a estar bajo tutela sueca no gustó nada al rey Karl Johan, que decidió lanzar un ataque armado en julio del mismo año. Sin embargo, temiendo que la guerra se estancara, Karl Johan accedió a negociar, lo que dio lugar a un acuerdo por el que se declaraba a Noruega «reino libre e independiente, sujeto a una simple unión personal con Suecia».

▶ **Unión sueco-noruega (1814-1905).** La nueva unión escandinava no alegró demasiado a sus compañeros. Solo algunos grandes comerciantes estaban a favor por razones comerciales obvias. A la mayoría de los noruegos les molestaba el nombramiento de un virrey sueco y persistían en celebrar el 17 de mayo en lugar del aniversario de la unión sueco-noruega. Tras hábiles maniobras, el *Storting* (Parlamento noruego) obtuvo el derecho a enarbolar la bandera noruega en la gran flota mercante del país. Los diputados noruegos también exigieron que el gobernador rindiera cuentas ante el *Storting*. Primero el rey Karl Johan y luego Oscar II se negaron a acceder. En 1884, el líder de la izquierda liberal, Johan Sverdrup, consiguió un sistema parlamentario para su país. Siguieron varias reformas liberales que acercaron el sistema político a la democracia. En 1898 se introdujo el sufragio universal masculino en Noruega. Para proteger los intereses de la marina mercante noruega, en rápida expansión, el Storting exigió la creación de consulados exclusivamente noruegos. El rey sueco Oscar II se negó. El nuevo comité sueco-noruego fue incapaz de resolver la crisis provocada por el tema de la representación diplomática separada. La oposición noruega, orgullosa de grandes hombres noruegos como Grieg, Ibsen y Nansen, llegó a querer armar sus fortalezas en las fronteras con Suecia. En

mayo de 1905, los líderes nacionalistas noruegos decidieron por iniciativa propia establecer un servicio consular propio. Aun así, Oscar II se negó a ratificar esta decisión. Al final, el Storting se limitó a declarar abolida la unión con Suecia, ya que el rey de Suecia no quería cumplir con sus obligaciones. Un plebiscito noruego otorgó la corona del país al príncipe Carlos de Dinamarca, quien, bajo el nombre de Haakon VII, se convirtió en el primer rey de una Noruega contemporánea que llevaba sin ser un país independiente desde 1380.

Un país libre desde 1905

▶ **Una democracia laboral neutral.** La unión de partidos contra la tutela sueca no sobrevivió a la independencia. La izquierda mantuvo su supremacía durante los doce años siguientes. El sufragio universal se extendió a las mujeres en 1913. Las reformas sociales se aceleraron a medida que la revolución industrial provocaba cambios económicos y sociales: seguro de accidentes, ayuda a los desempleados, hospitalización y seguridad social a partir de 1914. Durante la Primera Guerra Mundial, Noruega se mantuvo neutral a pesar de sus simpatías por Gran Bretaña. Esta no beligerancia, que fomentó la especulación, también agrió las relaciones entre capital y trabajo. La posguerra estuvo marcada por una grave crisis: con el colapso de los préstamos y la reducción de la construcción naval, muchos campesinos se vieron agobiados por las deudas hipotecarias. El Partido Laborista noruego, que vio aumentar sus votos, se convirtió en el partido dominante en el *Storting* tras la reforma electoral de 1921.

▶ **Un lugar estratégico codiciado (1940-1945).** Antes de la Segunda Guerra Mundial, Noruega, como los demás países escandinavos, estaba estrictamente apegada a su neutralidad. En 1938, el gobierno anunció su intención de no participar en ningún conflicto armado, pero la estratégica situación geográfica del país ponía en peligro su seguridad. El gobierno de Oslo cedió a los británicos sus petroleros y, al mismo tiempo, permitió a los alemanes transportar hierro sueco a través del puerto de Narvik. Igualmente, Hitler estaba decidido a apoderarse de Noruega, que le proporcionaba un pasadizo hacia el norte. Los fiordos noruegos eran excelentes bases naturales para sus submarinos y el interior le proporcionaría aeropuertos para los aviones que lanzaba sobre Inglaterra. El ataque a Noruega comenzó el 8 de abril de 1940. El ejército noruego era el de un país de tres millones de habitantes acostumbrado a cincuenta años de paz y Oslo, Stavanger, Trondheim y Narvik cayeron rápidamente en manos de los invasores nazis. Sin embargo, la fortaleza de Oskarsborg logró hundir el crucero alemán Blücher, lo que permitió al rey Haakon VII y al gobierno noruego abandonar Oslo y continuar la lucha desde Londres. Las unidades franco-inglesas, perjudicadas por la distancia, consiguieron desembarcar en Namsos, al norte de Noruega, y en Åndalsnes, más al sur. El almirante inglés Lord Corck y Orrery y el general francés Béthouart, con sus cazadores alpinos y la Legión Extranjera, tomaron Narvik el 28 de mayo. Pero fue una hazaña inútil, ya que la superioridad aérea alemana obligó a los aliados a retirarse a Trondheim. Durante los años de ocupación, hubo una resistencia clandestina que trabajó valientemente, sobre todo en la batalla del agua pesada de Vemork, cerca de Rjukan. Vidkun Quisling, que formaba el gobierno de colaboración, no contaba ni con la plena confianza de los alemanes ni con el apoyo de la población.

▶ **La posguerra.** En 1949, Noruega ingresó en la OTAN. Su frontera con la URSS en el extremo norte hizo que se inclinara a cooperar con los estadounidenses. Con el tiempo, sin embargo, aumentaron las tendencias pacifistas y actualmente están prohibidas las bases extranjeras en territorio noruego. Tras la Segunda Guerra Mundial, las elecciones devolvieron el poder a los laboristas, que permanecieron en él durante treinta años. Sin embargo, en 1965, un gobierno de coalición formado por centristas, conservadores, liberales y cristianos permitió aflojar el control del Estado. En comparación con otros países europeos, el nivel de inversión se ha mantenido relativamente alto desde la guerra.

Se invirtió mucho capital en las industrias electrometalúrgica y electroquímica del oeste y el norte. Sin embargo, durante el periodo comprendido entre 1957 y 1966, la tasa de crecimiento anual se mantuvo por debajo de la de los países del mercado común debido al mayor coste de infraestructuras, como el transporte, en un país de fiordos y montañas, y al aumento relativamente bajo de la población activa. El descubrimiento de petróleo en los años 1970 en la plataforma continental del mar del Norte supuso una oportunidad inesperada para la economía noruega: la renta per cápita es ahora una de las más altas del mundo. En enero de 1970 se introdujo una impor-

Iglesia de madera en pie (Heddal Stavkirke).

tante reforma fiscal. La introducción del IVA redujo el impuesto directo sobre la renta al tiempo que aumentaba los subsidios familiares y otras prestaciones sociales.

▸ **Noruega en Europa.** Con la adhesión de Suecia y Finlandia a la UE (Unión Europea) en 1994, Noruega, Islandia y Liechtenstein son los únicos países de la AELC (Asociación Europea de Libre Comercio) que quedan por adherirse. En cuanto a las Islas Feroe y Groenlandia, territorios autónomos daneses, se retiraron recientemente de la UE a pesar de que Dinamarca es miembro desde 1973.

Fue el descubrimiento de grandes cantidades de petróleo y gas en el mar del Norte lo que reforzó la libertad de maniobra de Noruega. Sin embargo, la reiterada negativa a ingresar en la UE no significa que se niegue a cooperar. El Partido Demócrata Cristiano, en coalición con el Partido Centrista (SP) y el Partido Liberal (V), no tiene previsto ingresar en

la Unión Europea. El acuerdo sobre el EEE (Espacio Económico Europeo), firmado en 1992, se considera una alternativa suficiente. Noruega desea mantener la cooperación existente. En cuanto se conoció el resultado negativo del último referéndum de 1994, el gobierno se puso en contacto con la UE para expresar eso mismo. Dado que la UE representa unas tres cuartas partes del comercio exterior noruego, el libre acceso a este mercado es esencial para las empresas del país. Noruega forma parte del mercado interior europeo a través de su adhesión al EEE. Como el resto de miembros de la UE, Noruega garantiza la libre circulación de las «cuatro libertades»: bienes, servicios, capitales y personas, quizá incluso con más rigor que un miembro de pleno derecho. La pesca y los productos agrícolas siguen sujetos a derechos de aduana. El petróleo es gestionado por el Estado, que invierte el excedente en un enorme fondo común reservada para las futuras generaciones «pospetróleo».

▶ **Década de 1990.** Tras los gobiernos laboristas dirigidos por Gro Harlem Brundtland de 1986 a 1989 y de 1990 a 1996, Thorbjørn Jagland asumió el poder durante un breve periodo de tiempo. Dimitió en septiembre de 1997 tras el fracaso del Partido Laborista en las elecciones generales. El democristiano Kjell Magne Bondevik, antiguo pastor, le sucedió al frente de una coalición de derechas. Su gobierno estuvo marcado por numerosos problemas, dificultades y catástrofes, como el desastre de Sleipner en el sector petrolero y el terrible accidente ferroviario de la pequeña ciudad de Åsta. La lucha por la familia de inmigrantes Atab, cerca de Stavanger, se convirtió en un símbolo de solidaridad internacional y supuso la relajación de la política de acogida de solicitantes de asilo político. El final de este gobierno de derechas estuvo marcado por la baja laboral de larga duración de Kjell Magne Bondevik debido a una crisis nerviosa. La privatización de los servicios públicos ha sido uno de los principales temas de debate político en los últimos años, pero fue en una cuestión medioambiental donde el gobierno de Bondevik tropezó y se vio obligado a dimitir en marzo del 2000.

▶ **El regreso de los socialdemócratas.** Ese mismo mes se formó un gobierno laborista con Jens Stoltenberg como primer ministro. Con 41 años, el jefe del nuevo gobierno, aún en minoría, fue el primer ministro más joven que había conocido el país. Sin embargo, ya había sido Secretario de Estado en el Ministerio de Medio Ambiente. Su padre, Thorvald Stoltenberg, fue sucesivamente ministro de Asuntos Exteriores, ministro de Defensa, alto comisionado de la ONU para los refugiados y mediador de paz en los Balcanes.

▶ **Una coalición frágil.** Rodeado de un equipo dinámico, el nuevo gobierno no se ganó la confianza de los noruegos. En las elecciones de septiembre de 2001, el Partido Laborista perdió las generales. Se formó entonces una coalición de centro-derecha que permitió a Kjell Magne Bondevik volver a asumir el cargo de primer ministro que había abandonado en marzo del 2000. Los ministerios clave se confiaron a hombres de diversa procedencia: Asuntos Exteriores fue para Jan Petersen, líder del Partido Conservador desde 1994, Petróleo y Energía para Einar Steensnæs, democristiano, y Justicia y Policía para Odd Einar Dørum, del Partido Liberal. No obstante, la base parlamentaria de la coalición era muy frágil. Con solo 62 escaños de los 165 del *Storting*, el Gobierno de Kjell Magne Bondevick tuvo muchas dificultades para llevar a cabo una política de fondo. Para sacar adelante sus proyectos, los dirigentes noruegos tuvieron que buscar el apoyo de los otros dos partidos fuertes: el Partido Populista (43 escaños) y el Partido Progresista (25 escaños), una formación populista y xenófoba. El PP, liderado por el carismático Carl Ivar Hagen, empezó a ganar credibilidad entre los votantes y, según las encuestas, unió fuerzas con el actual gobierno. A pesar de este estancamiento político, las finanzas del país estaban en buena forma, con un superávit presupuestario de casi 90 000 millones de euros en 2002, que se reinvertía en fondos internacionales «pospetróleo». La mayor parte del comercio noruego se realizaba con los Estados miembros de la Unión Europea, y el gobierno, al igual que sus predecesores, hizo todo lo posible para que la economía noruega se ajustase a las condiciones establecidas por los países de la UE. Quedaba por ver si la élite política seguiría al gobierno en dar más protagonismo a los noruegos ricos, que aún tienen que conformarse con el apodo de «árabes del mar del Norte».

▶ **Desde 2005.** En 2005, la izquierda noruega ganó las elecciones generales de septiembre gracias a una coalición de centristas y socialistas liderada por el laborista Jens Stoltenberg. Al retomar el cargo de primer ministro, propuso un nuevo programa social y medioambiental. Aumentó el gasto público destinado a las familias, el medio ambiente y las comunidades, así como la presión fiscal sobre las rentas y las empresas. Por último, esta política fomentó la innovación en la era «pospetróleo». Este Gobierno, en funciones hasta 2009, hizo del extremo norte su principal preocupación, tanto su desarrollo como la preservación de su medio ambiente. En cuanto a la política exterior, la izquierda se ha opuesto sistemáticamente a una política proestadounidense. Por ello, las tropas noruegas se han retirado de Irak. El Gobierno apoya a la ONU en detrimento de la OTAN.

Sin embargo, en septiembre de 2013, fue la derecha la que volvió al poder tras las elecciones generales. Una alianza entre el Partido Conservador (26,8 %) y el Partido del Progreso (16,3 %, considerado populista) formó un gobierno dirigido por la conservadora Erna Solberg. No obstante, el Partido Laborista siguió siendo la primera fuerza política de Noruega, con el 30,8 % de los votos. Esta nueva política buscaba endurecer la política de inmigración y liberar al país, concretamente, abriendo los comercios los domingos y aumentando los límites de velocidad en las

Parque de Esculturas Vigeland, en Oslo.

autopistas. Sin embargo, estas reformas requerirían el acuerdo de los demás partidos del Parlamento. En marzo de 2013, los diputados socialistas de izquierda propusieron que el reino se transformara en una república, pero fue rechazado por el Parlamento. Al 93 % de los noruegos les gusta su rey, Harald V, y su descendiente, el príncipe heredero Haakon. En mayo de 2014, Noruega celebró el bicentenario de su constitución. Este periodo de pseudo júbilo duró hasta las elecciones generales de septiembre de 2017 y el nuevo nombramiento de la primera ministra de la historia Erna Solberg, que dirigió el Gobierno hasta 2021. En septiembre de ese mismo año, el Partido Laborista (Arbeiderpartiet) se impuso en las elecciones generales. El líder del partido, Jonas Gahr Støre, sucedió a Erna Solberg. Las próximas elecciones generales se celebran en septiembre de 2025.

POBLACIÓN

Demografía

La superpoblación no supone un problema, ni siquiera en las zonas urbanas donde vive la mayoría de la gente. Noruega es algo más pequeña que España, y solo cuenta con 5,6 millones de habitantes. Noruega lleva mucho tiempo aplicando una política de descentralización, a diferencia de su vecina Suecia, donde la mayoría de los pueblos se han ido vaciando hasta tal punto que animales salvajes como el oso pardo y el lobo cuentan ahora con bosques lo suficientemente extensos como para prosperar, además de cruzar la frontera y diezmar los rebaños de ovejas de los granjeros noruegos, que tienen que equipar a sus pastores con armas de fuego. En Noruega aún se pueden encontrar aldeas en las islas costeras y en lo más profundo del campo. Se aferran a una tierra a menudo hostil.

Estilo de vida

Geográfica, histórica y culturalmente, Noruega presenta marcadas diferencias con Europa, el «continente», como lo llaman los noruegos. Acostumbrados a luchar contra los elementos, los noruegos rechazan toda forma de coacción y sumisión. Rechazan la jerarquía basada únicamente en el principio de autoridad. Corresponde a cada uno desempeñar sus funciones según sus aptitudes, que no son ni superiores ni inferiores a las de los demás, sino diferentes. Este igualitarismo se convierte a veces en sinónimo de nivelación. Las coacciones ejercidas por el grupo se observan más concretamente en las regiones de los fiordos, donde domina la rigurosa ley del pietismo. Tanto es así, que los noruegos confunden a menudo la palabra «placer» con «pecado». A pesar de la imagen que los latinos tienen de las liberadas costumbres escandinavas, el puritanismo de la religión protestante sigue estando subyacente.

Religión

En Noruega no hay separación entre Iglesia y Estado. El cristianismo es luterano y abarca al 93 % de la población. Las otras religiones registradas son, en orden descendente: pentecostal, católica, musulmana, metodista y testigo de Jehová.

Iglesia de Tynset.

ARTE Y CULTURA

Arquitectura

Noruega es famosa por sus edificios de madera, entre los que destacan las iglesias de madera en pie o *stavkirke*. Actualmente hay 28, que datan del siglo XI.

Se construían sobre grandes pilotes clavados en el suelo y en algunas se añadieron grandes piedras para reforzar los edificios. Las iglesias de madera en pie son el resultado de la mezcla de dos estilos arquitectónicos: los símbolos cristianos se mezclan con los de los vikingos. Siguen siendo numerosas en el centro y el este del país, aunque la Unesco declaró la de Urnes, en la región de los fiordos, Patrimonio de la Humanidad en 1979.

Predomina el modernismo: una generación de jóvenes artistas a principios del siglo XX abogaron por una cuidadosa unión de materiales antiguos, como la madera y la piedra, con otros nuevos, como el hierro y el vidrio. Flores de colores, árboles y animales se dibujaban en las barandillas de escaleras, molduras de muebles y puertas.

La ciudad de Ålesund, destruida por un incendio en 1904, es un magnífico ejemplo de este movimiento arquitectónico. Es imprescindible que dé un paseo por sus callejuelas y que visite el centro de art nouveau y la antigua farmacia para comprender este movimiento. La ciudad es muy popular entre los noruegos y suele considerarse una de las más bonitas del país.

Fachada modernista en Ålesund.

Artesanía

Qué traerse del viaje

El recuerdo más típico es el estampado jacquard noruego en todas sus formas: jerseys, gorros, guantes, calcetines... También hay ropa y accesorios hechos con piel de alce. A los jóvenes noruegos les encantan las mochilas de cuero natural. Varias marcas noruegas fabrican ropa deportiva de abrigo e impermeable (Helly Hansen), así como tiendas de campaña y sacos de dormir de forro polar (Ajungilak of Norway).

▶ **Las joyas** se fabrican con plata o piedras semipreciosas, como la thulita, la piedra nacional.

▶ **El diseño noruego** se caracteriza por líneas puras en cristalería (Hadeland), porcelana (Porsgrunn) y cerámica.

▶ **Cubertería de peltre.** El peltre noruego no contiene plomo, por lo que no se oxida en contacto con los alimentos. El famoso cuchillo para cortar *brunost*, queso de cabra caramelizado, es un invento noruego. Artículos de madera tallados y pintados con motivos tradicionales como el *rosemaling* (pintura de rosas) y las cajas de corteza de abedul estilo *shaker*.

▶ **Manteles bordados** en punto Hardanger.

▶ **Las imprescindibles** figuritas de troles y maquetas de *drakkars*. Cuchillos lapones largos y *tollekniv*, cuchillos que suelen tener un tallado muy elaborado, que los campesinos llevaban con sus trajes tradicionales. Pieles de reno, cabra y oveja negra, así como pieles de animales salvajes como lobos y focas.

▶ **Abrigos de piel** procedentes de granjas de visones o zorros azules (Saga Furs). Calzado como mocasines de Aurland, zapatillas de fieltro o piel de foca y zapatos lapones de piel de reno.

▶ **Fundada en 1888, Husfliden** es una cadena de tiendas de artesanía repartidas por toda Noruega. Los artículos son un poco caros, pero de muy buena calidad y tienen especialidades según la región.

Cine

Hoy, la figura del cine nacional es sin duda Joachim Trier, nieto del gran Erik Løchen, que dirigió *The Chasers* en 1959.

Es un habitual del Festival de Cannes desde que *Oslo, 31 de agosto* (2011) fue seleccionada en la categoría «*Un certain regard*». Más recientemente, su película *La peor persona del mundo* (2021), que narra las andanzas y contratiempos de una mujer de treinta años que enfrenta sus propias decisiones en la vida, fue aclamada por la crítica internacional como una de las grandes películas del año.

La belleza de sus paisajes nevados y la tranquilidad de sus bosques y fiordos atraen desde hace tiempo a los grandes estudios de Hollywood hacia Noruega. En *El imperio contraataca* (1980), la segunda película de la saga de *La guerra de las galaxias*, las montañas de Finse constituyen el escenario nevado del planeta Hoth, donde se refugiaron los rebeldes antes de que el Imperio, liderado por Darth Vader, viniera a expulsarlos. Han Solo y Luke Skywalker caminan por las crestas azotadas por el viento del glaciar Hardangerjøkulen. Más recientemente, *Tenet* (2020), de Christopher Nolan, lleva a John David Washington y a Robert Pattinson a la azotea de la Ópera de Oslo, donde los personajes discuten sobre las implicaciones del tiempo y el espacio en esta enigmática película del director de *Origen* y la trilogía de Batman. Mientras tanto, Scarlett Johansson, alias la Viuda Negra, se va de retiro temporal a Sæbø, junto al espléndido Hjørundfjord, en *Viuda Negra* (2021) antes de una dura vuelta a la realidad en esta película de espías del universo de Marvel. Timothée Chalamet, por su parte, recorre los fiordos de Statlandet, el paisaje de la ficticia Caladan, preparándose para partir hacia el planeta Arrakis, más conocido como *Dune* (2021).

Pero los planos más bonitos se encuentran, sin duda, en una de las últimas entregas de la saga de James Bond, *Sin tiempo para morir* (2021). Léa Seydoux, Daniel Craig y Rami Malek juegan al gato y al ratón en los bosques nevados de Hakadal y alrededor del lago Langvann antes de una fascinante persecución por la impresionante carretera del Atlántico y Trollstigen, dos de las carreteras paisajísticas más bonitas del país.

Literatura

Si la música tiene el poder de amansar a las fieras, el de la literatura es, sin duda, el de unir a la gente, incluso cuando se presenta en sus tonos más oscuros. Las novelas policíacas de Jo Nesbø, por ejemplo, o Gunnar Staalesen, son, sin duda, parte de la razón por la que los escritores noruegos no nos resultan completos desconocidos. En otros géneros, los libros de Herbjørg Wassmo, Jon Fosse y Karl Ove Knausgaard, también han llegado a nuestras librerías. Por último, Henrik Ibsen, más antiguo, pero totalmente imprescindible, merece con creces su reputación de autor clásico del teatro. Knut Hamsun ganó el Premio Nobel por su novela *Hambre* en 1920. Pero ¿cómo consiguió un país de apenas unos millones de habitantes inspirar tan bien a sus autores y darles la oportunidad de existir fuera de sus fronteras? Se trata de una historia menos pacífica de lo que parece, entreverada de luchas de influencias y digna de un buen *thriller*.

Música

La riqueza y belleza de Noruega no se limitan a sus impresionantes paisajes. A menudo resulta menos evidente que también hay mucho que escuchar, empezando por las tradiciones folclóricas, entre ellas el *joik,* el embriagador canto a capela preservado durante siglos por el pueblo sami. Pero si Noruega es un destino popular para los melómanos, se debe en gran parte a su apego a la música clásica. Patria de Edvard Grieg, la música clásica noruega se ha construido inspirada en su obra y ha desarrollado una estética que mezcla motivos folclóricos con los códigos del Romanticismo. El país también ha desarrollado un escenario local de pop, hiphop e *indie*. Además, los amantes del jazz nunca se aburrirán, pues cuenta con uno de los escenarios más dinámicos y creativos del mundo.

Pintura y artes gráficas

Noruega tiene dos grandes artistas:

▶ **En pintura, Edvard Munch (1863-1944)** tiene su propio museo en Oslo. *El Grito* y *La Madonna* siguen siendo sus obras más famosas. Contribuyó a la formación del expresionismo en el siglo XX.

▶ **Gustav Vigeland (1869-1943)** sigue siendo un escultor único en su género. El parque Vigeland de Oslo exhibe gratuitamente un impresionante número de sus obras, que representan todos los sufrimientos de la humanidad. Creado por Vigeland en 1924 con 650 estatuas, este parque representa la culminación del trabajo de toda una vida como artista. Si puede y tiene tiempo, no se lo pierda.

DESCUBRE

FIESTAS

Enero

■ **NORTHERN LIGHTS FESTIVAL**
TROMSØ
☎ +47 77 68 90 70
https://www.nordlysfestivalen.no/en/
firmapost@nordlysfestivalen.no
El Northern Lights Festival comenzó en 1988 como un pequeño festival de música clásica. Hoy, se celebra durante diez días entre finales de enero y principios de febrero. El cartel se ha diversificado, aunque el alma del festival siga siendo la música clásica. Están representados una gran variedad de estilos musicales: música moderna, jazz, orquestas sinfónicas y músicos tanto locales como internacionales. Cada día se celebran varios conciertos por la tarde y por la noche. Es un festival para todos los gustos que atrae cada año a vecinos y turistas por igual.

Febrero

■ **RØROSMARTNAN**
RØROS
www.rorosmartnan.no
post@rorosinfo.com
Este gran festival de invierno se celebra cada año desde que comenzó en 1854. Durante cinco días, Røros se transforma en un gigantesco mercado que bulle día y noche con puestos de comida, artesanía tradicional, granjas ambulantes, bailes y actos culturales. El festival es un acontecimiento nacional que atrae hasta 75 000 visitantes. El punto culminante del espectáculo es la llegada de ochenta coches de caballos procedentes de Suecia, Østerdalen, Hedmark, Gauldalen y Tydal, tras un viaje de quince días al estilo tradicional.

■ **SEMANA SAMI DE TROMSØ**
TROMSØ
La Semana Sami es una oda a esta cultura. El acontecimiento atrae tanto a lugareños como turistas. Se celebra un mercado sami, una oportunidad para descubrir productos típicos sami y degustar especialidades locales. La semana se completa con dos campeonatos ineludibles: el campeonato noruego de lazo y el campeonato noruego de carreras de renos. Estos acontecimientos atípicos animan a toda la ciudad y cautivan a grandes y pequeños. Además, los comercios contribuyen a crear un ambiente festivo.

Marzo

■ **PASCUA SAMI**
KAUTOKEINO
www.samieasterfestival.com
info@samieasterfestival.com
Los sami siempre se han reunido con motivo de las vacaciones de Pascua. Antiguamente, celebraban bodas, confirmaciones y bautizos y las tradicionales carreras de renos. Tras los festejos, todos regresaban a sus quehaceres cotidianos y poco después llegaba la trashumancia de los renos. Actualmente, estos diez días de fiesta están repletos de eventos culturales: carreras de renos, el Gran Premio Sami, exposiciones, cine, teatro, celebraciones religiosas y mucho más.

■ **VINTERFESTUKA**

NARVIK

www.vinterfestuka.no

La ciudad de Narvik acoge cada año, a mediados de marzo, un festival que dura diez días. La cultura es la protagonista durante todo el evento, uno de los más largos y concurridos de la región. La programación incluye conciertos de estilos muy variados; además de literatura, varias exposiciones de arte, danza y teatro. Los eventos se distribuyen por toda la ciudad, lo que ofrece la oportunidad de descubrir Narvik en su mejor momento, vivito y coleando bajo su manto de nieve.

Mayo

■ **FESTIVAL INTERNACIONAL DE TEATRO DE STAMSUND**

STAMSUND; ✆ +47 91 57 65 85

www.stamsund-internasjonale.no

Este festival de teatro se celebra en el pueblo más grande del archipiélago de Lofoten. Es un importante acontecimiento cultural tanto para el pueblo como para la región. Atrae a lugareños y turistas durante un fin de semana más largo de lo normal, con un programa de locura. Más que un festival de teatro, el archipiélago acoge música, conferencias y muchos otros espectáculos. Es la ocasión de disfrutar de este magnífico marco mientras se sumerge en su indisociable cultura.

■ **DÍA DE LA CONSTITUCIÓN (GRUNNLOVSDAGEN)**

El *syttende* de mayo (17 de mayo) se conmemora la firma de la Constitución en 1814, que supuso la independencia de Noruega. Es, sin duda, el día más importante en todo el país. Actualmente, la fiesta nacional se celebra a lo grande: es un día festivo y los noruegos se visten con sus *Bunad,* trajes tradicionales que varían en forma y color según la región. Es un día de celebración en todo el país.

Junio

■ **MARATÓN DE MEDIANOCHE**

TROMSØ – www.msm.no

El maratón de medianoche de Tromsø es una carrera que comienza a las doce en punto de la noche en el mes de junio, gracias a una luz excepcional, y es un gran éxito popular en distancias que van desde un kilómetro para niños hasta una maratón, además de una carrera de diez kilómetros y un medio maratón. Para los corredores de fondo, es una experiencia única y una oportunidad de participar en un acontecimiento cultural local en el fantástico entorno de la isla. Para los espectadores, supone también la oportunidad de disfrutar de una ciudad especialmente animada durante el evento.

Julio

■ **FESTIVAL SAN OLAF – OLSOKDAGENE**

Stiklestad Nasjonale Kultursenter og Stiklestad Hotell, STIKLESTAD

www.stiklestad.no

Es uno de los mayores festivales de Noruega y se celebra durante cuatro días a finales de julio. Incluye conciertos, exposiciones y entretenimiento para toda la familia. Día de San Olaf: el mayor santo de Noruega se conmemora en todo el país, sobre todo en Stiklestad, lugar histórico de la batalla en la que murió. Las entradas están disponibles por Internet a partir de noviembre, ya que se trata de un evento que atrae a mucha gente, sobre todo a los aficionados a las recreaciones históricas.

DESCUBRE

Agosto

■ VARANGER FESTIVALEN – FESTIVAL DE JAZZ
VADSØ
www.varangerfestivalen.no
post@varangerfestivalen.no
El festival de jazz más grande de Noruega tiene lugar en un pueblecito cercano al cabo Norte. Es mágico. Situado en la costa, en el extremo norte de Noruega, este pequeño pueblo de pescadores parece anclado en el pasado. Cada año celebra sus fiestas junto al festival, lo que atrae a lugareños y turistas de todas partes. Es un festival de cuatro días, una oportunidad para ver cómo este pequeño pueblo se ilumina y resplandece.

Octubre

■ FESTIVAL INTERNACIONAL DE DANZA (CODA)
OSLO
✆ +47 46 41 21 50
www.codadancefest.no
post@codadancefest.no
Es un festival de danza contemporánea, nacional e internacional. Este festival anual tiene como objetivo promover la danza noruega en todo el mundo. Cuenta con talleres y actuaciones en un programa ecléctico y de calidad. Las propuestas son realmente variadas, al igual que los lugares que las acogen. Se trata de otra forma de compartir momentos culturales con los lugareños y de abrir la mente a través de actuaciones en directo. Venta de entradas en Internet o *in situ*.

Noviembre

■ FILMS FROM THE SOUTH (FILM FRA SØR)
OSLO
✆ +47 92 32 96 56
www.filmfrasor.no
mail@filmfrasor.no
Oslo homenajea el cine de África, Asia y América Latina con una selección anual de 130 largometrajes, documentales y cortometrajes. Su lema es: «Ver el mundo desde otro ángulo». El Premio Espejo de Plata se concede anualmente. Films from the South pretende encontrar y presentar las joyas de la producción cinematográfica internacional fuera del hemisferio occidental. Es un festival muy bonito, vaya con los ojos bien abiertos.

Diciembre

■ PEPPERKAKEBYEN
Nordahl Bruns, puerta 9
BERGEN
www.pepperkakebyen.org/
pepperkakebyen@bergensentrum.no
Desde 1991, cada año se construye en el centro de Bergen el pueblo de jengibre más grande del mundo. Le resultará fascinante ver un pueblo entero iluminado con lucecitas azules, con una impresionante decoración invernal y auténticos trenes en miniatura que atraviesan el pueblo de jengibre. Es como estar en un cuento de hadas. Eso sí, no se atreva a darle un mordisco al tejado de alguna casa: la bruja podría estar a la vuelta de la esquina... O, en su defecto, las cámaras de vigilancia.

COCINA LOCAL

La cocina noruega es una cocina nórdica, tradicionalmente pobre en productos frescos, pero lo bastante pesada como para aportar suficientes calorías en invierno. El aceite de oliva prácticamente no se ha conocido hasta la última década y la comida se prepara tradicionalmente con mantequilla.

Se consumen muchos productos lácteos y quesos, así como pescado fresco en la costa. La caza es una parte fundamental de la cocina tradicional.

Productos y especialidades

Pescado

La cocina noruega cuenta con una amplia variedad de platos de pescado. La mayoría de los restaurantes ofrecen rape, bacalao, caballa, merluza, abadejo, eglefino o rodaballo. También se pescan truchas en los numerosos lagos y ríos. Estos pescados suelen comerse escalfados en un caldo *court-bouillon,* en sopa o simplemente a la plancha, así que hay para todos los gustos.

Pero, como no podía ser de otra forma, el salmón sigue siendo el pescado rey. En el siglo pasado, los aristócratas ingleses venían a pescar salmón por deporte igual que iban de safari a África. Aunque el salmón noruego de piscifactoría a veces tiene mala prensa debido a ciertas prácticas de acuicultura para que los peces crezcan más rápido, todavía se pueden encontrar peces de buena calidad en el país. Un salmón salvaje tendrá una carne firme y más bien roja, a diferencia del salmón de piscifactoría, que es anaranjada y está veteada de grasa. En Noruega el salmón se come ahumado (*røklaks*) o marinado en una mezcla de sal y azúcar (*gravlaks*).

No hay que olvidar los mariscos como langostas, gambas, mejillones, ostras, vieiras, erizos de mar, etc. El cangrejo real de Kamchatka es un visitante de tierras lejanas que se ha convertido en una especie invasora para algunos y en una bendición para otros. Introducido por los soviéticos en el noroeste de Rusia en los años 1960, este crustáceo del Pacífico Norte ha disparado su población. Este gigante, que mide más de 1,50 m y pesa 12 kg, es, a pesar de su abundancia, uno de los mariscos más caros del mundo. Puede llegar a pagar hasta cien euros el kilo.

© OLGA MILTSOVA – SHUTTERSTOCK.COM

Brunost.

Plato de marisco.

Carne

La cabaña ganadera noruega se compone sobre todo de vacas lecheras; su carne no es muy tierna y se prepara picada o guisada. La carne a la parrilla y los filetes poco hechos son raros de ver fuera de los restaurantes especializados y la carne de vacuno de calidad, en su mayoría importada, suele ser inasequible. El cerdo, en cambio, se usa mucho en las salchichas, albóndigas, tocino, platos con salsa, etc. El clima adverso y la escasa vegetación en gran parte del país favorecen la cría de ovejas. El *fenalår* es una pierna de cordero salada y seca, cortada en tiras finas y servida con pan y huevos revueltos.

La caza es una parte fundamental de la cocina noruega. La carne de reno es muy común, aunque la mayoría de estos animales son semidomésticos. La carne se usa en salsa, en salchichas o en terrinas. La carne de alce es muy rica en sabor y es bastante magra. Otros animales utilizados son las liebres, los patos salvajes y las perdices nivales, un ave cuyo plumaje cambia de marrón a blanco entre el verano y el invierno y que se mimetiza con la nieve.

Aunque la caza de ballenas, todavía legal en Noruega, ha formado parte de la vida noruega durante siglos, el consumo de carne de ballena es hoy casi anecdótico.

Quesos

Noruega también cuenta con algunos quesos: el más conocido es el *brunost*. En realidad, este *queso* no es exactamente un queso, sino una reducción de suero de leche o nata añadida que se carameliza durante mucho tiempo a fuego lento. Ligeramente dulce, se come en finas lonchas sobre galletas saladas. Puede elaborarse con leche de vaca, de cabra o una mezcla de ambas. Otros quesos son el *kraftkar* (queso azul) y el *nøkkelost* (queso con comino).

Pesca

Los aficionados a la pesca disfrutarán, sin duda, en las aguas noruegas. Se organizan numerosos viajes en torno a esta afición. Hay pesca marítima, fluvial y en los fiordos y ríos de montaña. Pero hay algunas reglas que los noruegos, y también los turistas, tienen que respetar. La pesca marítima es gratuita todo el año con tres excepciones: salmón, trucha y trucha alpina. En estos casos hay que pagar un impuesto. De junio a agosto es la época ideal para pescar salmón y trucha asalmonada en ríos interiores o frente a la costa. Hay que pagar el impuesto y, a veces, una licencia de pesca local o regional. Las licencias de pesca se pueden conseguir en tiendas de deportes, campings u oficinas de turismo.

Esquí

▶ **Esquí de fondo.** El deporte número uno de Noruega. Hay innumerables campeones y medallistas olímpicos. Bjorn Daehli, con doce medallas olímpicas en los años 1990, es una leyenda por sus reñidas competiciones y sus victorias contra el ruso Smirnov. Desde entonces, Noruega ha ganado un título internacional tras otro. Esta nación volvió a brillar en los Juegos Olímpicos de Pekín 2022 ganando ocho medallas, cinco de ellas de oro. Cabe destacar que este deporte es casi obligatorio para los niños en el colegio.

▶ **Biatlón.** Noruega también es un país dominante en este deporte gracias, sobre todo, a la leyenda Ole Einar Bjørndalen en los años 2000 y 2010. Un periodo dorado en el que ganó la friolera de trece medallas olímpicas, ocho de ellas de oro, veinte campeonatos del mundo y seis globos de cristal. La estrella noruega más reciente en esta disciplina es Johannes Thingnes Bø, que cosechó cinco medallas en los Juegos Olímpicos de Pekín 2022, cuatro de ellas de oro.

▶ **Esquí alpino.** Noruega cuenta con esquiadores alpinos de renombre. Los últimos años han estado marcados por las hazañas del polivalente Aksel Lund Svindal, ganador de nueve globos de cristal menores en las pruebas de descenso, supergigante, eslalon gigante y combinada y dos grandes globos de cristal (2007, 2009). Toda una leyenda y un digno sucesor de Lasse Kjus, Kjetil André Aamodt y Leif Kristian Haugen. Hoy toman el relevo Kjetil Jansrud, campeón olímpico de supergigante en 2014 y campeón del mundo de descenso en 2019, y Henrik Kristoffersen, campeón del mundo de eslalon gigante en Åre en 2019.

▶ **Salto de esquí.** El salto de esquí es un deporte tradicional en Noruega. Tras muchos años sin premios —58 años después del último título olímpico de la disciplina—, Marius Lindvik ha hecho sentirse orgullosa a toda una nación al ganar el oro en los Juegos Olímpicos de Pekín en febrero de 2022.

▶ **Esquí Telemark.** Se realiza con esquís especiales y los giros se hacen con una rodilla en el suelo. Este estilo de esquí es dominante en ciertas regiones de Noruega, pero sobre todo en Telemark, donde se originó el deporte. *Quod erat demonstrandum.*

Descubra el fiordo de Stranda en kayak.

Senderismo

Vaya adonde vaya y en cualquier estación, la naturaleza noruega es exuberante y absorbente hasta más no poder. El senderismo, por supuesto, es el deporte rey con más de 20 000 kilómetros de senderos señalizados por todo el país, incluidos los emblemáticos Preikestolen (Roca del Púlpito), la cresta de Besseggen, la cresta de Romsdalseggen, el monte Hornelen, la meseta Hardangervidda y el peñón Trolltunga. Vaya adonde vaya encontrará alguna actividad de senderismo, principalmente entre mayo y septiembre.

Ciclismo – Bicicleta de montaña

Hay innumerables carreteras, caminos y *bike parks* para los ciclistas de montaña. Y los aficionados podrán ver, por supuesto, la Arctic Race de Noruega, la carrera profesional más al norte del planeta. Se trata de una prueba muy intensa que se celebra cada año a mediados de agosto.

Ornitología

Para los observadores de aves, la costa es un pequeño paraíso. Las montañas de la costa noruega albergan muchas especies de aves marinas. Cientos de miles, desde Runde hasta la frontera rusa, viven en las montañas de las pequeñas islas de la costa, alimentándose y dependiendo de los peces. Desde finales de los años 1970, han desaparecido muchas especies como consecuencia de la sobrepesca de peces como el arenque, el capelán y la caballa. Entre las aves se pueden observar: alcatraces, cormoranes, araos comunes y árticos, águilas marinas, pingüinos, frailecillos o halcones peregrinos.

PERSONAJES ILUSTRES

Gro Harlem Brundtland

Nació en 1939. Se la ha conoce como la Dama de Hierro noruega. Durante una década, fue primera ministra de varios gobiernos de coalición. Siempre ha sido una firme defensora de la ecología mundial.

Ella acuñó el término «desarrollo sostenible». Embajadora de una Noruega comprometida con los valores humanitarios, Gro Harlem Brundtland fue la primera mujer en presidir la Organización Mundial de la Salud (OMS) entre 1998 y 2003. En 2011 fue uno de los principales objetivos de los atentados que tuvieron lugar en Oslo y en la isla de Utoya.

Liv Ullmann

Nacida en 1938, debutó en el teatro en 1957 con *Ana Frank* y continuó su carrera en el cine noruego-sueco en *An-Magritt*, dirigida por Arne Skouen, a la que siguió *Utvandrarna og Nybyggarna*, de Jan Troell. Su fama está ligada para siempre al nombre de Ingmar Bergman, veinte años mayor que ella, ya que fue su actriz favorita y compañera en *Persona, Secretos de un matrimonio* y *Sonata de otoño*, y con quien participó en no menos de diez películas. También ha escrito dos novelas autobiográficas: *Senderos*, en la que relata su infancia y las emociones que la atravesaron, y *Opciones*, traducidas respectivamente en 1977 y 1979 por Stock. Después se pasó al otro lado de la cámara y dirigió varias películas: *Sofie*, en 1992 y *Kristin Lavransdatter* en 1994, basada en la saga medieval de Sigrid Undset. En el 2000 realizó *Trolösa (Infiel)*, una película sobre I. Bergman, nominada a los Goya. En 2001 recibió el premio que conmemoraba toda su carrera por parte del jurado del Festival de Cannes. Su última aparición fue en 2003, en la película *Saraband*, dirigida para televisión por el maestro Bergman. En 2014 dirigió la película *La señorita Julia*. Ullmann ganó el premio a la mejor interpretación en el Festival de San Sebastián de 2019.

© THIERRY LAUZUN – ICONOTEC

Traje de boda sami en Kautokeino.

Haakon y Mette-Marit

Entre los representantes de la familia real, la pareja heredera es, con diferencia, la más popular tanto en el país como en el extranjero. Su historia es como la de la Cenicienta: él es un oficial de la marina y licenciado en Berkeley que fue a por una plebeya tímida, modesta y divorciada con un hijo.

Jo Nesbø

Nacido en 1960 en Oslo, este autor de novelas policíacas comenzó su carrera en la música. Tras formarse como periodista económico, fue líder de un grupo de pop que hizo una gira por Noruega entre 1993 y 1998. Después decidió escribir y su primera novela fue un éxito. *El murciélago* fue galardonada con el premio a la mejor novela negra nórdica. Con su héroe recurrente Harry Hole, Jo Nesbø nos lleva a través de investigaciones policiales por todo Oslo. Una de las novelas más famosas de la serie en curso es *El muñeco de nieve,* publicada en 2007. *El leopardo,* publicada en 2010, es la quinta novela de esta serie. Otra de sus novelas es *Headhunters,* de la cual el autor está preparando una adaptación con la estrella noruega Aksel Hennie en el papel protagonista. Los derechos de autor del libro se donan a la Fundación Harry Hole, que trabaja para alfabetizar a los niños de los países en desarrollo. También dentro de la serie Harry Hole, publicó *Fantasma* y *Policía* en 2013 y 2014, *La sed* en mayo de 2017 y *Cuchillo* en 2019. Pero no se acaba aquí, pues es un autor bastante prolífico.

Erling Haaland

Bajo las órdenes de Pep Guardiola, Erling Haaland es sin duda la mayor estrella del fútbol internacional actualmente. Tras hacer feliz al Bryne FK en su país, el delantero prodigio pasó a brillar en las ligas austriaca y alemana, primero en el RB Salzburgo y luego en el Borussia Dortmund. Hoy, con los colores del Manchester City, colores que ya llevó a principios de la década de los 2000 su padre, el gigante noruego pasea sus botas por toda Europa.

Cabo Norte.

VISITA

Reine.

OSLO

La capital de Noruega, con casi 700 000 habitantes, está construida a los pies de un fiordo y rodeada de colinas llenas de vegetación. Con un excelente puerto de aguas profundas y buen acceso a las diversas carreteras escandinavas, la ciudad está experimentando un rápido desarrollo. Aunque todavía no se parece a las grandes metrópolis europeas, y con una cierta despreocupación provincial, sus 450 km² de parques y paseos marítimos y sus barrios con una gran variedad de estilos arquitectónicos distintivos ofrecen fuertes contrastes. Como resultado, sus residentes y turistas disfrutan de un estilo de vida especialmente atractivo: ¿cuántas capitales permiten esquiar o navegar en kayak dentro de sus límites territoriales?

QUÉ VER – QUÉ HACER

Bygdøy, Majorstua y el oeste ⭐⭐⭐

▶ **Bygdøy** es una enorme península que no se puede perder situada al oeste del puerto. Lugar histórico, ya que alberga algunos de los museos más sorprendentes de la ciudad, Bygdøy también invita a disfrutar de sus numerosas playas. Un viaje en ferri o autobús le llevará rápidamente a esta zona virgen, ideal para un pícnic familiar o una visita al Museo Norske Folke, entre otros. El paseo al aire libre por las 158 casas de madera reconstruidas al más puro estilo noruego, desde la época vikinga hasta los años 1950, no dejará indiferente a nadie.

▶ **Uranienborg y Majorstua.** Justo detrás del Palacio Real, se encuentra Homansbyen con sus numerosas embajadas extranjeras alojadas en grandes villas de clase media que datan de la década de 1850. Estas antiguas residencias, que se extienden hasta Uranienborg, forman una espectacular mezcla de estilos: tudor, morisco, renacentista florentino, gótico flamígero y barroco. En cuanto al barrio de Majorstua, la calle comercial y, sobre todo, muy *chic de* Bogstadveien lo atraviesa por el lado este antes de llegar a la plaza donde se halla la última estación del tranvía, a los pies de la subida hacia el salto de esquí de Holmenkollen y los bosques de Marka. Un poco más al oeste, justo antes de la calle Bygdøy allé, se encontraba el legendario barrio inglés de Victoria, arrasado en 1965. El *rivningsspøkelset* (fantasma de la demolición), que amenaza a todos los edificios antiguos de Oslo, acabó venciendo a los anticuarios, que solo pudieron salvar el Victoria Terrasse.

▶ **Frogner.** Al este de esta zona residencial, que incluye la casa del

Instituto del Premio Nobel señalada por el busto del querido Alfred, se encuentra el gran parque Frogner. Es un parque de estilo inglés muy agradable con un centenar de esculturas monumentales de granito del escultor Gustav Vigeland hechas al más puro estilo del arte socialista.

▶ **Holmenkollen.** Aunque está mucho más al noroeste del centro de la ciudad, sería un error separar esta zona de la ciudad de Oslo. Holmenkollen es uno de los símbolos de la capital, con su enorme pista de esquí visible a kilómetros de distancia. También alberga el Museo del Esquí y uno de los hoteles más notables del país.

■ **HOLMENKOLLEN (MUSEO DEL ESQUÍ Y SALTO DE ESQUÍ)** ⭐⭐
Kongeveien 5
☎ +47 22 92 32 00
www.skiforeningen.no
post@skiforeningen.no
Metro 1 (parada Holmenkollen)
Holmenkollen, un barrio situado en el límite del bosque de Marka, es una preciosa zona natural arbolada. El bosque, muy frecuentado por vecinos y turistas tanto en verano como en invierno, ofrece la posibilidad de practicar esquí, trineo, senderismo, pesca y escalada de árboles. Aquí se encuentra también el Museo del Esquí, una zona de salto de esquí, un simulador de esquí e incluso una tirolina.
Es fácil llegar en metro desde el centro de la ciudad. Las vistas de la localidad y del fiordo de Oslo son impresionantes y el lugar está lleno de mitos.

▶ **Museo del Esquí y salto de esquí.**
El Museo del Esquí de Holmenkollen, situado debajo del famoso salto de

Calle en el centro de Oslo.

esquí, es el más antiguo de su clase. Cuenta la historia de más de 4000 años de este deporte y presenta dos exposiciones: una sobre esquí y *snowboard*, y la más reciente, «Prepárate», sobre el cambio climático. También se puede acceder al salto de esquí y, desde lo alto de la torre, se puede disfrutar de una vista de 360° de la ciudad, su fiordo y el bosque de Marka. Para los más valientes, hay una tirolina que baja por el salto en un tiempo récord y, en la parte inferior, un simulador de saltos de esquí y eslalon donde podrá asumir el papel de los grandes atletas.

▶ **Parque de invierno/verano de Oslo.** Para deleite de los visitantes, el parque de verano Tryvann de Oslo cuenta con uno de los rocódromos más grandes y bonitos de Escandinavia. En invierno, el parque se transforma en la mayor estación de esquí de las afueras de la ciudad, por lo que se puede ir a esquiar en metro a tan solo treinta minutos del centro.

VISITA

MAJORSTUA

Fearnleys gate

Pr. Dahis gate

Josefines gate

Pilestredet

Bislett Stadion

Sofies Plass

Industrigate

Holtagata

Uranienveien

Hegdehaugveien

Oscars gate

Parkveien

Pilestredet

President Harbitz gate

Iglesia Uranienborg

Camilla Colletts vei

URANIENBORG

Kunstnernes Hus

Skoweien

Oscars gate

Inkognito gata

Parkveien

Wergelandsveien

Slottsparken

St Olavs gate

Coljornsens gate

Museo de Historia - Historisk Museum

Palacio Real - Slottet

Fredaryks gate

Universidad de Oslo

Instituto Nobel - Nobel Instituttet

Drammensveien

Teatro Nacional - National-Teatre

Drammensveien

Biblioteca Nacional - Nasjonal-biblioteket

Parkveien

Dronning Mauds gate

Munkedamsveien

Konsert-huset

Observatorio - Observatoriet

Huitfeldts gate

Ayuntamiento - Radhuset

Radhusgata

Fjellinjen

Munkedamsveien

Centro Nobel de la Paz

Dokkveien

AKER BRYGGE

Stranden/Aker Brygge

Pipervika

Akershus

Museo de Arte Moderno Astrup Fearnley

OSLO

✳	Punto de interés y monumento
🏛	Museo
🎭	Teatro
⛪	Iglesia
🚉	Estación de tren

UlleValveien

Bjerrgaards gate

Akersbakken

Iglesia de
Gamle Aker -
Gamle
Aker Kirke

Maridalsveien

Grünersgate

Sofienberggata

Akersbakken

Æreslunden

UlleValveien

Akersveien

Mollerveien

Markveien

Nodre Gate

GRÜNNERLØKKA

eo de las Artes Decorativas -
Kunstindustri-
museet

Vor Frue
Hospital
St. Olavs Kirke

Mollergata

Jacobs
Kirke

Pilestredet

Trefoldighets

GAMLE AKER

Osterhaus gate

B. Ankers gate

Antiguo hospital -
Krohgstottens
sykehus

Storgata

Galería nacional -
Nasjonal-
galleriet

Storgata

Christian Krohgs-gate

enkrantz gate

Grensen

Storgata

Parlamento-
Stortinget

Catedral
de Oslo -
Domkircke

Storgata

Oslo
Spektrum

Akersgata

Øvre Slottsgate

Nedre Slottsgate

Karl Johans gate

SENTRUM

Jernbane-
torget

Kirkegata

Dronningens gate

Estación central -
Sentral-
stasjon

Nylandsveien

Radhusgata

Museo de Arte
Contemporáneo -
Samtids-
museet

Borsen

Norges
Bank

useo de la Resistencia -
Hjemmefront-
museet

Bispagata

Ópera de Noruega -
Den Norske Opera -

Bjorvik

Bispevika

N

0   500 m

■ MUSEO DE ARTE INFANTIL (BARNEKUNSTMUSEET) ★★

Lille Frøens vei 4
☎ +47 22 69 17 77
www.barnekunst.no
info@barnekunst.no
Metro 1 (parada Frøen)

Este museo de arte infantil ofrece un caleidoscopio de obras artísticas vistas a través del prisma de los ojos de los niños. Las obras proceden de todo el mundo —hay 180 países representados—, y brindan la oportunidad de explorar las sensibilidades, perspectivas y opiniones de los niños, a quienes rara vez se acude en este campo. También hay cursos y talleres para ellos; además de exposiciones temporales y permanentes. Es un maravilloso descubrimiento.

■ MUSEO DE LAS TRADICIONES POPULARES (NORSK FOLKEMUSEET) ★★★

Museumsveien 10
☎ +47 22 12 37 00
www.norskfolkemuseum.no
post@norskfolkemuseum.no
Autobús 30 (parada Folkemuseet)
– acceso en ferri desde Aker Brygge.

Este museo al aire libre, uno de los más grandes de Europa, ofrece información sobre todos los aspectos del folclore noruego y sami. Descubrirá sus coloridos trajes, su idioma, que no tiene nada que ver con el noruego sino con el finlandés, y sus hechiceros chamanes, que recuerdan a los nativos americanos. En el enorme parque se han reconstruido 140 casas antiguas de diferentes regiones de Noruega. Un museo de visita obligada.

■ MUSEO DEL FRAM (FRAMMUSEET) ★★

Bygdøynesveien 39
☎ +47 23 28 29 50
www.frammuseum.no
post@frammuseet.no
Autobús 30 (parada Bygdøynes)
– acceso en ferri desde Aker Brygge.

El *Fram*, un buque polar construido en 1892, es el elemento principal del museo. Es el barco más fuerte del mundo, el que ha llegado más al norte y más al sur. Fue utilizado en las tres grandes

© DAMIEN VERRIER – SHUTTERSTOCK.COM

Oslo.

expediciones polares: Fridtjof Nansen (1893-1896), Otto Sverdrup (1898-1902) y Roald Amundsen (1910-1912). Alrededor de este barco se han definido varias exposiciones sobre la historia polar que ofrecen una visión fascinante de la historia de Noruega.

■ PARQUE VIGELAND (VIGELANDSPARKEN) ★★★

Frognerparken

© +47 23 49 37 00

Tranvía 12 (parada Vigelandsparken).

Gustav Vigeland (1869-1943) es un escultor noruego conocido por su inmensa contribución a la vida artística de Oslo. Creó el parque Frogner, o parque Vigeland, donde se exponen muchas de sus esculturas. Sigue siendo un escultor único y un símbolo eminente del arte noruego en la escena internacional.

El parque Vigeland es una de las atracciones más concurridas del país, con casi un millón de visitantes al año. En verano, es habitual ver a los habitantes de la ciudad tomando el sol en bañador en una de sus muchas praderas con auriculares inalámbricos en los oídos. Desde 1924, el parque alberga y expone obras de granito y hierro forjado del artista noruego que le da nombre. Hoy se exhiben 214 de las 650 estatuas y diseños que el artista creó para el espacio, y son uno de los símbolos más conocidos de Oslo. Es el mayor parque de esculturas del mundo dedicado a un solo artista. Se considera la obra de toda una vida de Vigeland: de hecho, dedicó casi veinte años a su creación. Es un lugar de visita obligada, pues refleja la filosofía noruega que le da gran importancia a la naturaleza. El parque es el resultado de una disputa entre Vigeland y el Ayuntamiento de Oslo: Vigeland fue

desalojado de su casa en 1921, pero el Ayuntamiento lo realojó en el edificio que hoy acoge el Museo Vigeland. A cambio de sus nuevas instalaciones, casa y estudio, prometió donar todas sus obras a la ciudad. Estas enormes esculturas, de todos los tamaños, tienen varios temas principales: la muerte, la vida cotidiana, los hombres y las mujeres y los niños. También es un lugar muy agradable y limpio para pasear, sea cual sea la estación. Los habitantes de la ciudad salen a correr por aquí. Entre las estatuas más famosas están el *Sinnataggen* (*El niño enfadado*) y el *Monolitten* (*El monolito*), que se eleva diecisiete metros sobre el parque, y la gran fuente de bronce con sus veinte estatuas que representan el círculo de la vida, la *Livshjulet* (*La rueda de la vida*). En 1940 se abrió la primera sección al público: el famoso puente de cien metros de largo y quince de ancho, con casi sesenta estatuas expuestas. Es un paseo divertido para disfrutar con toda la familia y sentir la naturaleza en plena ciudad todo el año.

Centro ★★★

▶ **Karl Johans Gate.** Karl Johans Gate atrae a turistas y oslenses de todo tipo. Esta calle, que va desde la estación central hasta el Palacio Real, atraviesa un distrito de calles peatonales repletas de tiendas y surcadas por multitud de músicos y animadores callejeros. En ella se encuentran los dos grandes centros comerciales de Oslo: Steen & Strøm y Glasmagasinet. Este último, cerca de Domkirken, la catedral de Oslo, da a Stortorvet, la plaza del mercado de las flores.

VISITA

La zona que sigue al *Stortinget* (Parlamento) llega hasta el Teatro Nacional y a la Universidad, situada bajo el Palacio Real.

El centro de la avenida está dividido por una gran mediana, conocida como el Studenterlunden («el soto de los estudiantes»), que cuenta con terrazas y fuentes a la sombra de los grandes tilos y castaños. El estanque del centro, apodado Spikersuppa (literalmente, «sopa de clavos»), se transforma en invierno en una pista de hielo, para deleite de los niños. El Theatercaféen y el Grand Café son venerables instituciones desde la época en la que Ibsen y Munch tenían reservadas allí sus mesas. El ambiente nos recuerda al de finales de siglo bajo sus grandes lámparas barrocas de cristal. La galería comercial Paléet ha aprovechado al máximo estas viejas fachadas poseídas por los fantasmas de la bohemia cuando Oslo aún se llamaba Kristiania.

▶ **Torggata.** Más al este, Torggata es la calle peatonal que anima el centro con sus numerosos bares y locales nocturnos, mientras serpentea hacia el río y el barrio bohemio de Grünnerløkka.

▶ **Akersgata,** conocida como la calle de los periódicos, discurre perpendicular a Karl Johans Gate y casi por delante de los nuevos edificios gubernamentales. Justo detrás, está la plaza Youngstorget, un «bastión de la izquierda», con tradicionales comedores sociales donde el escritor Knut Hamsun solía saciar su hambre por 35 øre de la época. Más al norte, se halla el cementerio Vår Frelsers Gravlund, donde están enterrados algunos de los hombres más importantes de Noruega. Unas calles más arriba, podrá pasear por el parque de Saint Hanshaugen (la colina de San Juan) y por la bonita calle de Damstredet, con sus casitas de obreros restauradas del siglo XIX (entrada por Fredensborgveien).

▶ **Vaterland y el antiguo Oslo.** La zona que rodea la estación central solía ser el barrio de mala reputación de Vaterland, llamado «humedal» por los holandeses que llegaron a Noruega para comprar la madera que le faltaba a su país. Pero todo eso ha cambiado. Ahora encontramos el complejo comercial Oslo City, donde cien tiendas y *boutiques*, un nuevo centro de conferencias y una enorme sala de conciertos, Oslo Spektrum, intentan garantizar un día y una noche variados. Este barrio también alberga el hotel más alto de Escandinavia, el Radisson Blu Plaza. Hoy, sus lujosas fachadas de cristal ahumado se elevan hacia el cielo y plantean un reto arquitectónico a una capital que antaño se creía adormecida. Esta zona es, en realidad, la antigua Oslo y, paradójicamente, evoca el deseo de modernidad de la nación. Venganza o símbolo del paso del tiempo, la bella Abelone, reina de Vaterland, tiene ahora su propia estatua de madera en la primera planta del gran hotel Radisson Blu Plaza. Justo detrás de estas torres espejo, corre el río Aker, atravesado por un moderno puente acompañado por una serie de esculturas contemporáneas: buceadores en un salto congelado para la eternidad. Al otro lado del río, cerca del nuevo mercado Grønlands Torg y de la calle Tøyengata, apodada Little Karachi, hay una gran comunidad paquistaní.

▶ **Aker Brygge, el ayuntamiento y la fortaleza.** Al oeste de Karl Johans Gate, el antiguo puerto de astilleros se ha transformado en un paseo marítimo tan elegante como el paseo marítimo de Deauville, tan moderno como la Potsdamer Platz de Berlín y, por supuesto, tan marítimo como el puerto deportivo de Barcelona. La arquitectura es asombrosa, con una mezcla de estilos que se atreve a combinar cristal y hormigón con sus plazas y vidrieras. Las preciosas terrazas atraen a quienes quieren tomar un café tranquilos y a cansados compradores de la alta sociedad. Los pasillos cubiertos y las cubiertas superiores dan cierta coherencia al conjunto. Las tiendas elegantes, las tiendas de exquisiteces y los bares de moda siguen codeándose con la actividad principal del barrio: los barcos.

En la entrada de estos muelles, frente al ayuntamiento (Rådhuset) y la oficina de turismo, se puede subir a un ferri hacia Bygdøy y las pequeñas ciudades que hay a lo largo del fiordo de Oslo. Un poco más allá, el barrio alberga lo que queda de la antigua ciudad del rey constructor, Cristián IV, erigida con calles en ángulo recto bajo las murallas protectoras de la fortaleza medieval de Akershus. En la plaza Grev Wedel, el restaurante Engebret permanece tal como era cuando se construyó en 1857. Hoy, la zona ha sido renovada y alberga galerías de arte y asociaciones de artistas. El Museo Samtidskunst (Museo de Arte Contemporáneo) abrió sus puertas en 1990 en el antiguo Banco Nacional.

Aker Brygge y Tjuvholmen son unos barrios nuevos que comienzan junto al Centro Nobel, en el puerto. Aker Brygge es famoso por sus numerosos restaurantes a lo largo del paseo marítimo, donde se puede tomar una copa y cenar en una terraza. Tanto en verano como en invierno, puede disfrutar de un paseo por el muelle y disfrutar del aire fresco del mar.

Al final de Aker Brygge, llegamos a Tjuvholmen, «el barrio de las artes».

▶ **Tjuvholmen.** Esta prolongación de Aker Brygge no existía hasta hace pocos años. Todo ha sucedido muy deprisa. La ciudad ofrece un nuevo perfil gracias a la participación de varios arquitectos de diferentes orígenes e influencias. Este «barrio de las artes» alberga el elegante museo Astrup Fearnley, diseñado por el arquitecto genovés Renzo Piano, así como varios establecimientos de lujo, como los hoteles Tjuvholmen Executives Suites y el Thief. Aunque no todo el mundo puede permitirse alojarse en ellos, sí que podrá disfrutar de un paseo por sus alrededores. El paseo desde el ayuntamiento es sumamente agradable. Le recomendamos que se siente en la terraza climatizada de una de las cafeterías o restaurantes o en un banco en verano.

■ **CATEDRAL DE OSLO (OSLO DOMKIRKE)** ⭐
Karl Johans Gate 11
℗ +47 23 62 90 10
www.oslodomkirke.no
post.domkirken.oslo@kirken.no
Todas los metros (parada Jernbanetorget o Stortinget).

La catedral Domkirke es uno de los lugares más céntricos de Oslo y, por tanto, un punto de encuentro fácil para mucha gente. Seguro que se la acaba cruzando. Inaugurada en 1697, conserva muchos de sus elementos originales, como el púlpito, el altar y la notable caja del órgano. Las vidrieras, realizadas por Emanuel Vigeland (hermano menor de Gustav), son especialmente interesantes, al igual que el fresco del techo.

VISITA

■ **CENTRO NOBEL DE LA PAZ (NOBELS FREDSSENTER)** ★★★
Rådhusplassen
℡ +47 48 30 10 00
www.nobelpeacecenter.org
post@nobelpeacecenter.org
Tranvía 12 (parada Aker Brygge).
El Centro Nobel goza de una ubicación excepcional en Aker Brygge, frente al fiordo, en la plaza del ayuntamiento. La fachada de este hermoso edificio muestra el retrato del galardonado o galardonados del año en curso. Presenta la historia del Premio Nobel, su creador, Alfred Nobel, así como la actualidad y los ganadores del premio desde 1901.

▶ **Alfred Nobel** fue un químico, industrial y fabricante de armas sueco que fue titular de más de 350 patentes científicas a lo largo de su vida, incluida la de la dinamita, el invento que lo hizo famoso. A su muerte, dejó una colosal herencia para financiar la creación de una institución encargada de premiar cada año a personas que hubieran prestado grandes servicios a la humanidad, permitiendo una mejora o progreso considerable en el campo del conocimiento y la cultura en cinco disciplinas diferentes: paz o diplomacia, literatura, química, fisiología o medicina y física. Posteriormente se introdujo el Premio Nobel de Economía. El primer premio se concedió en 1901.

▶ **El Premio Nobel de la Paz** lo designa el Parlamento noruego, a petición de Alfred Nobel, a diferencia de los demás premios, que son seleccionados por la Institución Académica sueca. En 1901, Suecia y Noruega estaban bajo la misma corona. Cuando ambas coronas se separaron en 1905, Noruega heredó el Premio Nobel de la Paz, que se concede cada año el diez de diciembre en Oslo (aniversario de la muerte de Alfred Nobel).

■ **FORTALEZA DE AKERSHUS (AKERSHUS FESTNING)** ★★
Akershus Festning
℡ +47 23 09 39 17
www.akershusfestning.no
akershusfesting@mil.no
Tranvía 12 (parada Kontraskjæret).

© S-F - SHUTTERSTOCK.COM

Tranvía en Oslo.

Akershus alberga un castillo medieval del siglo XIII, remodelado al estilo renacentista en la primera mitad del siglo XVII. La gente acude a Akershus principalmente por sus jardines. La fortaleza ocupa un lugar especial como monumento nacional debido a su posición en la capital y a su historia, estrechamente ligada al poder real y estatal. Numerosos acontecimientos han dejado su huella en el lugar, que hoy alberga una academia militar, oficinas y una serie de espacios de interés y eventos culturales. También acoge el Museo de la Resistencia, que documenta la Segunda Guerra Mundial en Noruega, y el Museo de la Defensa. Un paseo por los jardines del castillo le descubrirá una exposición de esculturas de arte moderno y también podrá disfrutar de la magnífica vista del fiordo, por un lado, y de la plaza del ayuntamiento, por el otro.

▶ **Castillo y su iglesia.** Una visita al castillo de Akershus es un viaje a través de la historia de Noruega desde el siglo XIII hasta nuestros días. Pocos edificios en la historia del país han desempeñado un papel tan central. Desde los restos de sus raíces medievales hasta los aposentos de los reyes danés-noruegos, el paisaje es impresionante. Obviamente, el recinto de la fortaleza siempre ha contado con una iglesia o capilla desde que se construyó en tiempos de Haakon V, pero fue tras un incendio en 1527 cuando el primer piso se convirtió parcialmente en iglesia y fue completamente reformado por Cristián IV hacia el 1630.

▶ **Centro de información.** Ofrece una visita guiada de una hora por la fortaleza, así como dos exposiciones permanentes. La primera recorre la historia de los presos desde la Edad Media hasta el cierre de la prisión en 1950. La segunda explica el asedio del ejército sueco a la fortaleza de Akershus.

▶ **Museo de Defensa.** Dos exposiciones recorren la historia militar noruega desde la época vikinga hasta nuestros días. Se hace hincapié en varios periodos decisivos de la historia noruega, como la unión con Dinamarca hasta 1814, la unión con Suecia de 1814 a 1905, el ataque de Alemania a Noruega el 9 de abril de 1940 y la guerra naval durante la Segunda Guerra Mundial.

▶ **Museo de la Resistencia.** A través de varias exposiciones de fotos, documentos originales y artefactos, el Museo de la Resistencia pretende explicar la situación del país durante la Segunda Guerra Mundial.

■ **MUSEO ASTRUP FEARNLEY** ⭐ ⭐
Strandpromenaden 2
✆ +47 22 93 60 60
www.afmuseet.no
info@fearnleys.no
Tranvía 12 (parada Aker Brygge); autobús 21, 54 (parada Tjuvholmen).
El museo Astrup Fearnley, una de las principales atracciones de Oslo, se alza en el punto de unión del barrio de Tjuvholmen con el fiordo. Se trata de un museo privado diseñado por el gran arquitecto Renzo Piano, artífice, entre otros, del Centro Botín de las Artes y la Cultura de Santander, el Centre Georges Pompidou, el Parco della Musica y el edificio de *The New York Times*. El Museo de Arte Contemporáneo Astrup Fearnley ocupa, sin duda, una de las posiciones más ventajosas, ya que se encuentra al final del nuevo barrio de Tjuvholmen, con vistas al fiordo, y da la impresión de estar en un barco.

Se trata del nuevo barrio construido como prolongación de Aker Brygge. Y vaya barrio. Elegante, con clase y grandioso. Tjuvholmen es conocido como el barrio de las artes. La arquitectura de la península y del museo Astrup Fearnley, inspirada en su entorno marítimo y compuesta por tres pabellones bajo un techo de cristal con forma de vela, evoca por sí misma la capacidad de innovación constante de la ciudad. En su interior se encuentra una colección de arte moderno y contemporáneo aunque figura entre las más importantes del norte de Europa y que complementa la de la Galería Nacional. Actualmente, incluye obras de los principales artistas estadounidenses, así como de Europa, Brasil, Japón, China e India, con grandes nombres como Bacon, Koons, Hirst, Eduardo Arroyo y Kiefer. Las exposiciones permanentes se complementan con exposiciones temporales, talleres y el parque de esculturas Tjuvholmen, a las afueras del museo. El museo Astrup Fearnley celebró su treinta aniversario en 2023.

■ MUSEO MUNCH (MUNCH MUSEET) ★★

Edvard Munchs plass 1
© +47 23 49 35 00
www.munchmuseet.no
info@munchmuseet.no

El museo Munch se trasladó a su nueva sede en Bjørvika (cerca de la Ópera) en octubre de 2021, a un edificio muy criticado por su arquitectura, y no sin razón, solo hay que ver el triste revestimiento de chapa de aluminio reciclado. Diseñado por el arquitecto español Juan Herreros, este nuevo museo Munch tiene la ventaja de poder presentar, además de las obras que había en el antiguo, piezas

algo menos conocidas, como fotografías y esculturas, así como una película y cuadros enormes, como *El sol* y *Los buscadores*. Como curiosidad, son tan grandes que tuvieron que introducirse por una abertura especial habilitada para ello durante las obras y que posteriormente se volvió a cerrar. Este museo es cinco veces más grande que el anterior y ahora contiene más de 26 000 obras, incluidos 18 000 grabados del artista noruego. En una sala entera se exponen versiones del famoso *El grito*, aunque el cuadro se encuentra en la Nasjonal Galleriet.

Hay que recordar que el famoso *El grito*, junto con *La Madonna*, desapareció sorprendentemente en agosto de 2004 en un robo a plena luz del día y fue encontrado, en bastante buen estado, dos años después. Otras innumerables pinturas igualmente importantes e impresionantes hacen de la visita a este museo una experiencia de valor incalculable.

Edvard Munch (1863-1944), uno de los pioneros del expresionismo, nació en Løten, pero al año siguiente su familia se trasladó a Kristiania, Oslo. Cuatro años más tarde, su madre murió de tuberculosis. A los quince años, su hermana favorita sucumbió a la misma enfermedad, que fue una verdadera plaga en aquella época. Está representada en su cuadro *La niña enferma*. Munch trabajó mucho en Alemania y expuso en Berlín, cuna del expresionismo. Tras una grave depresión cuando vivía en Copenhague, en 1908, regresó a Noruega. Entre los cuadros expuestos destacan *La danza de la vida*, *Cabeza de hombre en el cabello de una mujer*, *Celos*, *Los solitarios*, *La arpía*, *Amor y dolor*, *Melancolía*, *El beso*, *Invierno* en Kragerø... En resumen, todos los tormentos de Munch en un solo museo. Tómese su tiempo, vuelva varias veces y haga una pausa para comer en los alrededores. No necesitará pasarse allí seis horas seguidas porque esta visita está incluida en el Oslo Pass.

▶ **Acceso para personas con movilidad reducida, conexión gratuita a Internet.** Restaurante Tolvte en la planta 12 con vistas al fiordo, cafetería MUNCH deli & café en la planta baja con terraza y bar de cócteles en la planta superior.

■ **MUSEO NACIONAL (NASJONALMUSEET)** ⭐⭐⭐
Rådhusplassen
✆ +47 21 98 20 00
www.nasjonalmuseet.no
info@nasjonalmuseet.no
Con una superficie total de 54 600 m², la nueva galería nacional alberga, desde junio de 2022, unas 5000 obras, que van desde la pintura clásica al arte moderno, pasando por la arquitectura, el arte contemporáneo, el diseño y objetos desde la Antigüedad hasta nuestros días. La segunda planta está dedicada a las artes visuales desde el siglo XV hasta hoy. El Light Hall, de 2400 m², acoge exposiciones temporales de artistas que aún no están expuestos en el museo. En esta sala hay un techo de siete metros de altura para instalaciones especiales y las paredes exteriores están revestidas de un panel de mármol entre dos paneles de cristal que dan un efecto especial y duradero.
Entre las obras expuestas en el museo destacan el bajorrelieve *Helvetet (Infierno)*, de Gustav Vigeland, que muestra la influencia de Rodin; las pinturas romántico-kitsch *Åsgårdsreien*

(*Cacería salvaje)*, de Peter Nicolai Arbo, y el periodo romántico (1820-1870) con el *Fra Stalheim* (*Vista desde Stalheim)* de Johan Christian Dahl, un cuadro verdaderamente precioso y cuya exactitud puede comprobar siguiendo la ruta de Bergen a Flåm. El retratista Adolphe Tidemand y el paisajista Hans Gude a veces combinaban sus talentos para pintar paisajes con figuras. Curiosamente vanguardista para su época, Peder Balke, con sus oscuros paisajes marinos del norte en tonos sepia, pintó el paisaje noruego de una forma dramática. *El entierro de un campesino*, de Erik Werenskiold, se inscribe en la tradición realista de la década de 1880. El neorromanticismo de la década de 1890 se refleja en el asombroso *Vinternatt i Rondane* (*Noche de invierno en Rondane)*, que Harald Solberg tardó unos quince años en completar en estas montañas heladas. En una atmósfera impresionista, *Sommernatt fra Jæren* (*Noche de verano en Jæren)*, de Kitty Kielland, expresa la excepcional luz de esta parte de la costa sur. Pero, sobre todo, hay una sala dedicada a una veintena de cuadros de Edvard Munch, entre ellos *El grito*, *Madonna* y *La niña enferma*.
Tómese su tiempo para visitar este magnífico, nuevo y gigantesco museo (arquitectos Kleihues + Schuwerk) y venga varias veces en lugar de saturarse. El museo pone a su disposición un restaurante al aire libre, una cafetería, conexión wifi, eventos y talleres para todas las edades. Desde la terraza en lo alto, disfrutará de magníficas vistas de Oslo. Una apuesta ganadora para la ciudad, que ahora cuenta con el mayor museo de arte de Escandinavia. También es una oportunidad para ver obras que nunca se han expuesto por falta de espacio.

VISITA

La Ópera de Oslo de noche.

■ ÓPERA ⭐⭐

Kirsten Flagstads plass 1
℅ +47 21 42 21 21
www.operaen.no
post@operaen.no
Autobuses 30, 31, 32 (parada de Tollboden).

La famosa Ópera se inauguró en 2008. Este inmenso edificio, que parece surgir de las profundidades en el corazón de la bahía de Bjørvika, aparece ya en todas las postales. Aunque es agradable pasear por el tejado de este gigantesco edificio, diseñado para ser la terraza de los oslenses y que ofrece una vista panorámica sobre la ciudad y el fiordo, también es muy interesante visitarlo por dentro. La Ópera está formada por la Ópera Nacional de Noruega, el Ballet Nacional de Noruega, la Orquesta Nacional de Noruega y el Coro de la Ópera Nacional de Noruega. Mucha gente trabaja en los pasillos de esta enorme estructura y los turistas pueden ver las zonas entre bastidores a través de los grandes ventanales de la planta baja: salas de ensayo, diseño de vestuario y escenografía, etc. La Ópera ofrece una rica programación que se divide en tres escenarios: la sala principal, la segunda sala y el estudio. El tejado también sirve de escenario para algunos conciertos. Además de los espacios accesibles al público, salas y equipos especialmente adaptados permiten concebir espectáculos de principio a fin dentro del edificio. La visita guiada le llevará entre los bastidores del fascinante mundo de la Ópera de Oslo. Si tuviera que elegir solo unos pocos lugares en la capital, este debería ser uno de ellos. Su arquitectura, tan fría, marmórea, pero tan cálida con sus cilindros revestidos de madera de color miel con vistas al fiordo, consigue hacernos soñar y nos transporta a otro lugar.

■ PALACIO REAL
(KONGELIGE SLOTT)

Slottsplassen 1
℗ +47 22 04 89 64
www.kongehuset.no
post@slottet.no
Tranvías 12, 13, 19 (parada
Nationaltheatret o Slottsparken).

Desde que comenzó a construirse en 1824, el Palacio Real ha sido un símbolo de la historia de Noruega y uno de los edificios más emblemáticos del país. Aunque los planes originales preveían que el palacio tuviera forma de H, los problemas financieros hicieron que se revisaran los planos y se construyera un palacio en forma de U. Tras la muerte de Carlos XIV Juan de Suecia en 1844, el palacio se quedó claramente pequeño para la familia del sucesor, por lo que se alargaron las alas. Desde 1849, cuando fue ocupado por primera vez, ha sufrido varias transformaciones, sobre todo en el último siglo. Se utiliza principalmente como recepción y despacho oficial del rey. Este largo edificio amarillo de dimensiones no muy imponentes está preciosamente situado en el promontorio de Bellevue, al final de la avenida principal Karl Johans Gate.

El cambio de la Guardia Real es a las 13.30 h. En la plaza del 7 de junio, una estatua del primer rey, Haakon, esculpida por Nils Aas, guarda un asombroso parecido con las esculturas de Giacometti, ya que el difunto rey era muy alto y delgado. Rodeando el palacio se encuentra el Parque Real, uno de los más antiguos y grandes de la ciudad. Se diseñó paralelamente a la construcción del castillo, de acuerdo con los ideales de la época. La visita guiada permite acceder a algunas de las estancias más bonitas e impor-

tantes del palacio: la lujosa suite del rey Haakon VII, la Sala de los Pájaros, pintada en trampantojo por Johannes Flintoe, y el salón de baile.

■ UNIVERSIDAD
(UNIVERSITETET)

Karl Johans gate 47
℗ +47 22 85 50 50
www.uio.no
sosialemedier@uio.no
Tranvías 12, 13, 19 (parada
Nationaltheatret), autobús 33 (parada
Nationaltheatret).

Tras un concurso nacional celebrado en 1911, el salón de eventos fue decorado con frescos de Edvard Munch, que ganó el concurso por escaso margen a Emanuel Vigeland, hermano del escultor. Sobre un fondo de maravillosos paisajes costeros, los tres frescos principales representan *El sol*, la historia con el anciano y el niño de los billetes y *Alma Mater*, una robusta joven amamantando. Es agradable ver el ambiente de los estudiantes noruegos.

Grünerløkka
y el norte ⭐⭐

▶ **Grünerløkka-Torshov.** Grünerløkka se encuentra al este del río Ankerselva, que atraviesa la ciudad de norte a sur. En la década de 1890, se construyó un barrio obrero de casitas de madera conocido como Ny York. Su finalidad era alojar a la mano de obra atraída por la intensa industrialización a lo largo del río Akerselva para explotar la madera. En esta época también se crearon pulmones verdes: parques para los trabajadores.

VISITA

Desgraciadamente, en los años 1970, el fantasma de la demolición barrió la mayor parte de este conjunto histórico. Hoy, todo este tramo de río se ha convertido en un paseo peatonal. Este paseo verde parte del puente Ankerbru, decorado con esculturas de bronce inspiradas en cuentos y leyendas noruegos, entre ellas el famoso Peer Gynt, el héroe popular que cabalga sobre los renos. Grünerlkka se ha convertido en el barrio burgués-bohemio de la ciudad, con un enorme número de bares por metro cuadrado que se extienden desde la calle principal hasta las bonitas plazas, donde se puede permanecer en las terrazas hasta tarde. Los vecinos lo llaman el pequeño Brooklyn de Oslo por su ambiente bohemio, su aire *vintage* y sus tiendas de diseño y centros de arte. Más al norte está el tranquilo barrio de Torshov, con sus cafeterías, parques y los teatros Soria Moria y Trikkestallen.

■ **DAMSTREDET Y TELTHUSBAKKEN**
Damstredet
Al oeste del río Akerselva. Autobuses 34, 54 (paradas Møllerveien y Telthusbakken).
La calle de Damstredet está flanqueada por una encantadora colección de coloridas casas de muñecas, que en realidad son viviendas de trabajadores de finales del siglo XVIII. Telthusbakken está rodeada, a un lado, por antiguas casitas del mismo estilo y, al otro, por los jardines de los vecinos de la calle. El Kjærlighetsstien, el camino del amor, atraviesa el centro de las parcelas en dirección a Maridalsveien. El cementerio de Vår Frelser se encuentra en la parte superior de estas dos calles.

Grønland y el sur

Esta parte de la ciudad es interesante por varias razones: por un lado, aquí es donde se encontraba Oslo antes de que un incendio la destruyera en 1624 y el rey Cristián el Constructor decidiera trasladar la nueva capital, Kristiania, a su ubicación actual. Así que este es el único lugar donde se pueden ver algunas de las ruinas de la antigua Oslo en su emplazamiento original. En segundo lugar, es el distrito multicultural de la ciudad, donde nacionalidades e idiomas se mezclan en un crisol poco habitual en Noruega. Por último, debido a su carácter concurrido, Grønland ofrece una gran variedad de bares y, sobre todo, restaurantes algo más asequibles.

■ **JARDÍN BOTÁNICO (BOTANISK HAGE)** ⭐⭐⭐
Sars Gate 1
✆ +47 22 85 16 30
www.nhm.uio.no
postmottak@nhm.uio.no
Todos los metros (parada Tøyen).
Este hermoso jardín botánico creado en 1814 pertenece al Museo de Historia Natural de la universidad. Alberga nada menos que 7500 especies diferentes y es uno de los lugares favoritos de Oslo para pasear. Cuenta con diferentes espacios dedicados a temas específicos:

▶ **Jardín de las Hierbas:** alberga plantas medicinales y venenosas, especias y una sección dedicada a las hierbas de cocina donde se pueden encontrar plantas, semillas y bayas comestibles.

▶ **Jardín Sistemático:** el interés principal es estudiar la relación entre las flores y su evolución.

▶ **Arboreto:** aquí se agrupan árboles escandinavos, especies tropicales y otras muy raras como el ginko y el tulipán.

▶ **Invernaderos:** hay varios invernaderos del siglo XIX con diferentes temas: el Amazonas, la Evolución, el Mediterráneo, el Desierto... Como se puede imaginar, aquí se encuentran plantas tropicales, incluidos magníficos nenúfares.

▶ **Jardín Vikingo:** aquí descubrirá lo que comían los vikingos.

▶ **Great-Granny's garden:** traducido como «el jardín de la bisabuela», no es sorprendente hallar aquí especies de flores muy antiguas o incluso inexistentes en otros lugares. Un verdadero museo de las flores.

▶ **Jardín de las Rocas:** un decorado de rocas y cascadas para presentar plantas de montaña de diferentes regiones del mundo.

▶ **Jardín Aromático:** diseñado para las personas con discapacidad visual, aquí el olfato sirve de guía gracias a las numerosas plantas y flores con un fuerte aroma.

■ **MUSEO DE HISTORIA NATURAL (NATURHISTORISK MUSEUM)**
Sars Gate 1
℃ +47 22 85 17 00
www.nhm.uio.no
informasjon@nhm.uio.no
Todos los metros (parada Tøyen).
El Museo de Historia Natural de Oslo es el más completo del país. Contiene una amplia gama de especímenes animales, plantas y minerales que han sido estudiados aquí durante más de doscientos años. La Sala Zoogeográfica muestra animales en sus hábitats naturales de todo el mundo, la Sala Noruega nos lleva desde los océanos hasta las montañas más altas del país, la Sala Sistemática recorre la historia de los vertebrados noruegos y, finalmente, la última sala alberga las exposiciones temporales.

■ **RÍO AKERSELVA (AKERSELVA ELV)**
Grønland
Se trata de un paseo rodeado de verde por las orillas del río Akerselva, donde recientemente se han habilitado senderos y carriles bici. Se puede ir andando hasta el lago Maridalen, a 10 km, pasando por veinte cascadas. La ruta a pie se puede combinar con el autobús. Primero, pasaremos por el puente Anker, flanqueado por sus cuatro estatuas de bronce inspiradas en leyendas noruegas. A continuación, caminaremos junto a antiguas fábricas, serrerías y otros molinos en desuso antes de llegar al gran lago Maridal.

■ **ST. OLAV DOMKIRKE**
Akersveien 1
www.stolavmenighet.info
oslo-st.olav@katolsk.no
Este monasterio dominicano se construyó en piedra en 1216, pero como el ladrillo era el material predominante cuando se renovó en 1300, su aspecto se alteró posteriormente. Tras la reforma de 1537, el ala este de la estructura se convirtió en la residencia del pastor luterano a cargo del monasterio. Desgraciadamente, no hay mucho que ver aquí, pero se trata de una de las pocas ruinas de la Oslo original, antes de que la nueva capital, Kristiania, se instalara alrededor del puerto. Unos metros más adelante, hay otras dos ruinas que merece la pena visitar.

REGIÓN DE OSLO

AKERSHUS

La provincia toma su nombre de la fortaleza de Akershus, hoy parte de la provincia de Oslo, que fue un escudo contra los invasores suecos. Con medio millón de habitantes, es el segundo condado más poblado después de la capital.

Akershus abarca gran parte de los suburbios de lujo de Oslo, incluida la ciudad más rica de Noruega, Bærum. A 48 km al norte de Oslo, se encuentra Eidsvoll, ciudad histórica del condado de Akershus donde se aprobó la Constitución de 1814, que marcó la independencia del país.

EIDSVOLL ★

La pequeña casa solariega, al norte de Oslo, es simbólicamente muy importante para los noruegos. Fue aquí donde se firmó la Constitución noruega, muy inspirada en el Código Napoleónico. Al proclamar la Constitución noruega el 17 de mayo de 1814, la Asamblea Constituyente reaccionaba a la cesión de Noruega a Suecia por parte de Dinamarca, pero también se inspiraba deliberadamente en el espíritu de la Ilustración, que circulaba por Europa, sobre todo, con las tropas napoleónicas. Con este texto, elaborado en seis semanas, Noruega se declaraba Estado independiente, lo que provocó una declaración de guerra por parte de Suecia. Pero los artículos principales, los más liberales políticamente que se redactaron en aquella época,

se mantuvieron. Esto lo convierte en uno de los textos constitucionales más antiguos de Europa, tras la de Cádiz de 1812.

■ EIDSVOLL 1814
Magovegen 13
℡ +47 63 92 22 10
www.eidsvoll1814.no
booking@eidsvoll1814.no
Es el primer monumento constitucional de Noruega. La sala en la que tuvo lugar este acontecimiento histórico ha pasado a ser propiedad pública y se conserva en el mismo estado en que estaba en aquel momento. El cuadro original de Oscar Wergeland se encuentra en el Parlamento en Oslo. La asamblea constituyente que se reunió allí del 10 de abril al 20 de mayo de 1814 estaba formada por 112 delegados. En aquella época, era una residencia privada perteneciente a un rico empresario. Es un ejemplo de arquitectura neoclásica inspirada en las líneas de la Antigüedad.

SØRUMSAND

Este pueblo de 4087 habitantes está situado a orillas del Glomma. Su principal atracción es el tren de vapor que recorre el río en un nostálgico paseo. Otras dos localidades que visitar en la zona de Sorumsand son Fetsund, a 10,5 km al sur junto al Glomma, y Lillestrøm, a 18 km al suroeste.

REGIÓN DE OSLO

■ URSKOG-HØLANDSBANEN TERTITTEN – TREN DE VAPOR ⭐⭐

Sorum
✆ +47 46 54 21 18
www.u-hb.no
urskog.holandbanen@mia.no

Todos los domingos, desde mediados de junio hasta finales de agosto, un trenecito de vapor recorre el valle en un nostálgico y lento viaje. Construido en la década de 1890, el trenecito de vapor Tertitten fue abandonado en 1960, ya que su ancho de vía no se ajustaba al resto de la red ferroviaria. En la actualidad, esta ruta turística recorre 3 km a lo largo de las orillas del río más importante de Noruega, el Glomma. Una actividad divertida a unos treinta minutos de Oslo.

BÆRUM ⭐

El nombre procede de «*Björgrheim*», que significa «la tierra entre las rocas». Los municipios vecinos son Asker, Lier, Hole, Ringerike y Nesodden. El centro de la ciudad se llama Sandvika. Bærum es famosa en Noruega por tener, de media, el nivel educativo y de renta más alto del país. Es el suburbio más popular y más caro de Oslo.

VINTERBRO

Vinterbro es un pequeño municipio densamente poblado de la provincia de Akershus. Los habitantes de Oslo van allí, sobre todo, para disfrutar de sus dos parques de atracciones.

■ PENÍNSULA NESODDTANGEN O DE NESODDEN ⭐⭐

Nesodden
Cuando vuelva a Oslo, puede tomar la pequeña carretera 156 a la derecha para subir por la península de Nesodden hasta la iglesia. A 1,5 km al norte, se encuentra Røer, una granja medieval bien escondida habitada por la misma familia desde 1600. Esta península montañosa y llena de bosques estuvo antaño tan aislada que llegó a sobrevivir una lengua medieval mucho más tiempo que en otros lugares. Hoy, el ferri entre Nesodden y Oslo es muy popular entre turistas y bañistas.

DRØBAK ⭐⭐

Drøbak es una antigua ciudad enclavada en el fiordo de Oslo, a medio camino entre Oslo y Moss. Con sus 15 000 habitantes, sería una ciudad tranquila si no tuviera tres grandes atractivos: una vista despejada sobre el fiordo de Oslo, una fortaleza histórica y, por último, el hogar del Santa Claus noruego.

Sin embargo, es durante el verano cuando la ciudad está más animada, porque en cuanto sale el sol, la bella durmiente despierta y se convierte casi en una localidad costera.

■ FORTALEZA DE OSCARSBORG (OSCARSBORG FESTNING) ⭐⭐

Oscarsborg Festning
✆ +47 64 90 41 61
www.forsvarsbygg.no
nettredaksjonen@forsvarsbygg.no

La fortaleza es un edificio histórico que desempeñó un papel importante en la historia del país, sobre todo al hundir un crucero alemán durante la invasión alemana de Noruega en la Segunda Guerra Mundial, lo que permitió a la familia real y al Gobierno escapar en el último segundo a Reino Unido. Es una de las joyas del arte militar y el orgullo del pueblo. Se trata de un monumento que no debe perderse si se encuentra en la región.

■ **CASA DE SANTA CLAUS (JULEHUS DE TREGAARDEN)**
Havnebakken 6
© +47 64 93 41 78
www.julehus.no
eva.julehuset@gmail.com

A finales del siglo pasado, esta región fue la cuna de la «Escuela de Barbizon», de pintores noruegos como Christian Krogh y Fritz Thaulow. La casa de Santa Claus se encuentra en la plaza de Torget Tregaardens Julehus. Las tradiciones de esta fiesta de origen pagano están muy arraigadas en los países nórdicos. La casa vende adornos para el árbol de Navidad durante todo el año y tiene su propia oficina de correos. Pero ya conoce la historia, ¿verdad?

MOSS

Situada en la carretera de Oslo. Moss está a una hora en tren de la capital. Es una ciudad industrial, dormida culturalmente y poco atractiva para los turistas. Hay dos motivos para pasar por aquí: el aeropuerto internacional de Moss Rygge y la península de Jeløy, a 4 km del centro de Moss, donde se encuentra la galería F15 y el centro naturista de Sjøhaug.

FREDRIKSTAD

No hay nada especial que ver o hacer en Fredrikstad, aparte de disfrutar de un paseo en un cálido ambiente entre las casitas de madera del casco antiguo. Se trata de una de las ciudades fortificadas más bonitas de Noruega, con vestigios de asentamientos que

© LALARBERG – ISTOCKPHOTO

Iglesia de Fredrikstad.

datan de hace más de 4000 años. La fortaleza se construyó entre 1661 y 1701.

HALDEN

Situada muy cerca de la frontera, Halden cuenta con interesantes monumentos defensivos, entre los que destaca su fortaleza. La ciudad debe estas fortificaciones a su proximidad con Suecia, un poderoso vecino cuyo pasado expansionista ha desafiado a Noruega en varias ocasiones. Se puede llegar fácilmente a Halden desde Oslo.

KONGSBERG

La pequeña ciudad de Kongsberg es conocida por su gran festival de jazz, que se celebra a principios de julio. Más información en www.kongsberg-jazz-festival.no

BUSKERUD

La provincia de Buskerud tiene una geografía variada que combina fiordos, montañas, llanuras, lagos, ríos y bosques. Es un lugar ideal para disfrutar de la naturaleza noruega, sobre todo, porque aún hay muy pocas atracciones turísticas. Drammen es el centro administrativo de la provincia.

KRØDEREN

El lago Krøderen o Krøderfjorden se extiende 41 km al norte de la localidad que lleva su mismo nombre. En Noresund encontramos un puente que cruza el lago, que en este punto tiene 200 metros de ancho. El puente conduce a la orilla oeste del lago, donde los más valientes pueden escalar el Norefjell.

HØNEFOSS

Este pueblo se concentra en torno a las cataratas del río que lleva su mismo nombre, que fue el origen de su desarrollo con la explotación de los bosques de la región. En 1668 ya había 23 aserraderos,

la mayoría propiedad de burgueses de Oslo. Una fuente, una escultura moderna de Knut Steen, se alza en medio de las cataratas. Desde las afueras de Oslo, la carretera atraviesa el «valle de los empresarios», la versión noruega de Silicon Valley, donde se encuentran las oficinas de grandes empresas locales como Norsk Hydro y Statoil. Tras unos cincuenta kilómetros por ricas llanuras a orillas del lago Tyrifjord, se llega a la patria de Asbjørnsen y Moe, los padres de los cuentos y leyendas noruegos, donde se halla la villa encantada de Friedheim, situada en el lago Krødern, y el valle de los osos de Vassfaret.

DRAMMEN

Drammen está dividida en dos por el río Drammenselva. La ciudad se encuentra a unos 40 km al sur de Oslo. En la ciudad viven unas 63 000 personas y es famosa por los grabados rupestres descubiertos en Åskollen y Skogerveien, incluido un ciervo que datan de hace más de 6000 años.

Vista aérea de Drammen.

INNLANDET

Desde el 1 de enero de 2020, la nueva provincia de Innlandet («el interior de las tierras») está formada por la fusión de las antiguas provincias de Oppland y Hedmark, las únicas sin salida al mar. Formaron una sola provincia hasta 1953. Oppland se caracteriza por sus cadenas montañosas, como Dovrefjell, Jotunheimen, que incluye los 29 picos más altos del país, y Gudbrandsdalen. Los valles de Oppland son famosos por su belleza y no puede perderse la visita a Valdres y su valle, sus lagos y sus stavkirke (iglesias de madera en pie). Entre Oppland y la frontera sueca, se encuentra el condado de Hedmark. Situado a pocos kilómetros de Lillehammer, Hamar es el centro administrativo de Hedmark. Es una de las provincias menos urbanizadas del país: el 50 % de sus habitantes vive en zonas rurales. La población se concentra, principalmente, en torno a la próspera región agrícola de Mjøsa.

■ PROVINCIA DE INNLANDET ■

La provincia de Oppland fue un reino independiente a principios de la era vikinga. Situada en el centro del país, se extiende desde el lago Mjøsa hasta Randsfjorden y está dividida en 26 municipios. Es conocida por sus centros turísticos y de deportes de invierno, con Lillehammer a la cabeza. Tampoco puede perderse el glaciar Galdhopiggen, la montaña más alta de Escandinavia y un paraíso para los escaladores.

LILLEHAMMER ★★★

¿Cómo se pasa de 50 habitantes en 1827 a 27 500 en 2016? Recibiendo los privilegios comerciales concedidos a las ciudades en 1827 y haciendo muy buen uso de ellos. Durante los primeros años de su existencia, la ciudad se limitó a la granja Hammer, situada cerca de la iglesia. Es probable que fuera en esta granja donde los dos *birkebeiner*, Torstein Skjelva y Skjervald Skrukka, escondieron a Haakon, hijo del rey y futuro heredero al trono, durante las Navidades de 1205 antes de llevarlo desde el valle de Gudbrandsdal hasta el valle de Østerdal siguiendo el sendero conocido hoy como «sendero de los *birkebeiner*». En recuerdo de este acontecimiento, entre 5000 y 6000 esquiadores participan cada año en la carrera de 55 km entre Lillehammer y Rena. En cierto modo, es la Vasaloppet noruega. Gracias a un clima muy seco, Lillehammer es una de las capitales mundiales del esquí de fondo y del *bobsleigh,* y la organización de los Juegos Olímpicos de 1994 le permitió desarrollar unas infraestructuras magníficas: 250 tiendas, kilómetros de pistas y muchos hoteles preciosos. Es verdad, la ciudad es tranquila, bastante pequeña y muy agradable, y es la sede de los campeonatos del mundo de esquí y de acontecimientos culturales como el Festival de Jazz de Lillehammer y el Festival de Literatura de Lillehammer.

En invierno, Lillehammer tiene un encanto de otra época con sus calles cubiertas de nieve y sus habitantes desplazándose en *spark*, un patinete de nieve que se puede utilizar solo o en pareja con un niño sentado delante. También puede tirar de él un perro. En Lillehammer, el ambiente navideño perdura hasta el 25 de diciembre.

■ MUSEO DE ARTE (LILLEHAMMER KUNSTMUSEUM) ⭐⭐⭐

Stortorget 2; ✆ +47 61 05 44 60
www.lillehammerartmuseum.com
post@lillehammerartmuseum.com
Inaugurado en 1992, este nuevo edificio con forma de piano de cola, hecho de piedra natural, metal y madera rubia, alberga una gran colección de pinturas noruegas del periodo entre 1830 y 1930. Hay importantes obras del periodo romántico representadas por paisajes de Johan Christian Dahl, interiores campesinos de Adolph Tidemand y escenas bucólicas de Hans Gude. No se pierda las pocas obras de Munch, así como el *Idilio* de Christian Skredsvig, el orgullo nacional.

■ MUSEO DE MAIHAUGEN (MAIHAUGEN FRILUFTSMUSEUM) ⭐⭐⭐

Maihaugvegen 1; ✆ +47 61 28 89 00
www.maihaugen.no
Con sus 140 casas antiguas de madera con tejados de turba, es uno de los mayores museos al aire libre de Europa. La granja Bjørnstad consta de 27 edificios. En total, el museo cuenta con 4000 piezas y 185 casas. Hay visitas guiadas cada dos horas para descubrir las distintas culturas rurales y cómo era la vida antes en la granja y en los pastos alpinos.
Se puede ver hilar, tejer y tallar madera. En la cafetería al aire libre sirven especialidades locales.

■ MUSEO OLÍMPICO (NORGES OLYMPISKE MUSEUM) ⭐⭐

Maihaugvegen 1; ✆ +47 61 28 89 00
www.ol.museum.no
post@lillehammermuseum.no
Una inmersión en la historia de los Juegos Olímpicos con multitud de objetos donados por los atletas. No se tarda mucho en recorrerlo todo, pero no deja de ser una exposición interesante e imprescindible. También hay exposiciones temporales y actividades para niños (consulte el programa en la web o por teléfono). La tienda del museo tiene objetos muy interesantes, como espejitos con el logotipo de los Juegos Olímpicos del 94. Y si tiene hambre, puede ir a la cafetería.

■ PARQUE OLÍMPICO DE LILLEHAMMER ⭐⭐

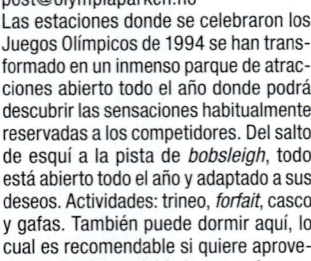

Nordsetervegen 45
✆ +47 61 05 42 00
www.olympiaparken.no
post@olympiaparken.no
Las estaciones donde se celebraron los Juegos Olímpicos de 1994 se han transformado en un inmenso parque de atracciones abierto todo el año donde podrá descubrir las sensaciones habitualmente reservadas a los competidores. Del salto de esquí a la pista de *bobsleigh*, todo está abierto todo el año y adaptado a sus deseos. Actividades: trineo, *forfait*, casco y gafas. También puede dormir aquí, lo cual es recomendable si quiere aprovechar todas las actividades que ofrecen.

FÅBERG ⭐⭐

Esta pequeña localidad a orillas del lago Lagen tiene dos atracciones principales: el parque familiar Hunderfossen y el Museo de la Ruta.

Oppdal

Røros

Tynset

Lesjaverk

Folldal

Dombås

Alvdal

Dovre

Bismo

Vågåmo

Lom

Sel

Otnes

Otta

Jotunheimen

Vinstra

Koppang

Ringebu

Tretten

Beitostølen

Granrudmoen

Fåberg

Lillehammer

Fagernes

Hemsedal

Dokka

Hamar

Gjøvik

Gol

Ål

Nesbyen

Geilo

INNLANDETE

Gran

Rødberg

Jevnaker

Hønefoss

50 KM

PARQUE DE ATRACCIONES HUNDERFOSSEN ★★

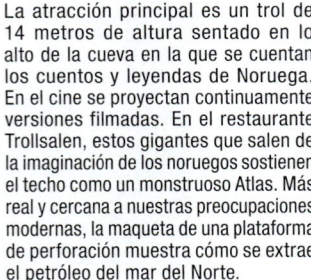

Hunderfossen Vinterpark
✆ +47 61 27 55 30
www.hunderfossen.no

La atracción principal es un trol de 14 metros de altura sentado en lo alto de la cueva en la que se cuentan los cuentos y leyendas de Noruega. En el cine se proyectan continuamente versiones filmadas. En el restaurante Trollsalen, estos gigantes que salen de la imaginación de los noruegos sostienen el techo como un monstruoso Atlas. Más real y cercana a nuestras preocupaciones modernas, la maqueta de una plataforma de perforación muestra cómo se extrae el petróleo del mar del Norte.

TRETTEN

Este pueblo de 900 habitantes es tristemente conocido por ser el escenario del peor accidente ferroviario del país: en febrero de 1975, dos trenes chocaron y murieron 27 pasajeros. Pero también es conocido por su agradable entorno, que lo convierte en un destino de vacaciones muy recomendable: Tretten se encuentra a orillas del lago Losna y del río Gudbrandsdalslågen. El pueblo tiene una larga historia que se remonta a los años 1200. La actividad principal en la localidad es la agricultura y la ganadería (vacuno y porcino).

RINGEBU

A una hora en coche al norte de Lillehammer por la E-6 se encuentra el pequeño pueblo de Ringebu. Deténgase aquí un momento para admirar la hermosa iglesia de madera en pie del siglo XIII y la colección de pinturas del artista noruego Jacob Weidemann.

IGLESIA DE MADERA EN PIE (STAVKIRKE) ★★

Ringebu kirken; ✆ +47 61 28 43 50
https://ringebustavkirke.no/
kirkeverge@stavechurch.no

Se trata de una antigua iglesia de madera en pie que data del siglo XIII y que fue remodelada durante el siglo XVII. De la iglesia original solo queda la nave central. Le sorprenderá el contraste entre su sobrio exterior y su colorido y cargado interior barroco. No se pierda las cabezas de dragón colocadas en el tejado de la iglesia para ahuyentar a los malos espíritus.

El presbiterio también alberga una colección del pintor noruego Jacob Weidemann.

FAGERNES ★★

El pueblo cuenta con unos 1800 habitantes, lo que lo convierte en el mayor del valle de Valdres. Aquí se encuentra una de las atracciones turísticas más famosas del país: el Parque Nacional de Jotunheimen, formado por una cadena de 26 montañas.

Su nombre procede de una expresión que significa «hogar de los gigantes». Fagernes es un buen punto para pararse en su viaje, pues aquí encontrará todas las comodidades en un entorno agradable.

MUSEO DE ARTES Y TRADICIONES (FOLKEMUSEUM) ★★

Tyinvegen 27; ✆ +47 61 35 99 00
www.valdresmusea.no
info@valdres.museum.no

Es el cuarto ecomuseo más grande de Noruega. El Valdres Folkemuseum se fundó en 1901 y los primeros edificios de la colección se construyeron en 1906 en Fagernes. En 1917, el museo se trasladó a la península de Storøya, junto a Fagernes. Más tarde, en 1950, el museo alquiló el resto de la isla y hoy comprende una gran superficie. El museo cuenta con 95 edificios y unas 20000 piezas. Una visita interactiva muy agradable. Genial para los niños. Cafetería.

PARQUE NACIONAL DE LANGSUA ⭐

Este parque nacional, antes conocido como Ormtjernkampen, se encuentra a una hora al oeste de Lillehammer. Hasta 2011, era el más pequeño de los parques nacionales de Noruega con solo 9 km², pero ahora se ha ampliado a 537 km² y se ha cambiado el nombre a Langsua Nasjonalpark. Aquí podrá ver cómo era un bosque de abetos antes de que llegaran los leñadores.

SEL

Nord-Sel es una aldea de viejas granjas, famosa por ser la inspiración de la novela de Sigrid Undset *Kristin Lavransdatter*. Frente a la iglesia de Nord-Sel, la estatua de bronce de la heroína de la novela representa a la bella Kristin. La estatua se inauguró con motivo del centenario de la escritora.

LOM ⭐⭐

Esta ciudad de unos 2500 habitantes es uno de los principales destinos turísticos de Noruega. El paisaje tiene mucho que ver: la región presume de tener las montañas más altas del país, con picos que alcanzan los 2469 metros. La agricultura sigue muy viva aquí.

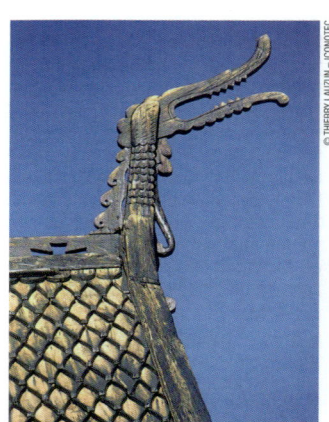

© THIERRY LAUZUN – ICONOTEC

VISITA

Stavkirke de Lom, tejado decorado con una cabeza de dragón.

La ciudad, cargada de historia, ofrece a los visitantes curiosos una serie de lugares muy bonitos, entre ellos su iglesia de madera, que se dice que fue construida hacia el 1200.

■ MUSEO AL AIRE LIBRE DE LOM (LOM BYGDAMUSEUM) ⭐⭐
Brubakken 12; ℰ +47 612 11 600
www.gudbrandsdalsmusea.no
post@norskfjellsenter.no
Aquí se agrupan unas 23 casas antiguas del valle de Ottadalen. El *stabbur,* una especie de despensa de troncos sobre pilotes, que data del siglo XVI, es uno de los más grandes y antiguos de su clase. Es una oportunidad para retroceder en el tiempo y descubrir la vida cotidiana de los granjeros de aquella época. El museo también ofrece exposiciones temporales y, si trae a los niños, hay muchas actividades para ellos, sobre todo, los miércoles.

JOTUNHEIMEN ★★★

Se trata de una zona de montaña de 3500 km² en el centro-sur de Noruega, entre Ottadalen, Gudbrandsdalen, Valdres y Sogn. En esta región se encuentran las montañas más altas del norte de Europa: Galdhøpiggen, en Lom, mide 2469 metros, y Glittertinden, 2464 metros. Jotunheimen es un parque nacional de 1151 km² creado en diciembre de 1980, y también una zona de ocio popular con numerosos senderos.

▶ **Más información:** www. visitjotunheimen.com

■ GLACIAR GALDHØPIGGEN ★★

Parque Nacional de Jotunheimen
✆ +47 61 21 29 90
www.visitjotunheimen.com
info@visitjotunheimen.no
Acceso por Raubergstulsvegen, a 50 minutos de Lom.

Con 2469 metros, Galdhopiggen es la montaña más alta de Noruega y del norte de Europa. A un lado, tenemos el precipicio de 500 metros hacia el lago Gjende, famoso por su intenso color verde, y al otro, vistas al lago Bessvatnet. Fue aquí donde Peer Gynt montó el gran reno que volaba por los aires. Dedique un día entero a la excursión por Besseggen o a la cima de Galdhøpiggen, aunque puede hacerse en cinco o seis horas. La ascensión tiene fama de difícil y está pensada para senderistas experimentados. También ofrecen excursiones guiadas.

■ PARQUE NACIONAL DE JOTUNHEIMEN ★★★

La oficina de turismo está en Lom.
www.visitjotunheimen.com
info@visitjotunheimen.no
Un espacio natural de visita obligada para todos los amantes de la naturaleza. Aquí podrá disfrutar de todo tipo de actividades al aire libre y descubrir paisajes

© KJOLAND – ISTOCKPHOTO

Renos en el Parque Nacional de Jotunheimen.

sobrecogedores. Entre glaciares, lagos y fiordos, es la esencia misma del país lo que encontrará en Jotunheimen, «tierra de los gigantes» en noruego. Los renos salvajes habitan en la parte oeste del parque, mientras que los rebaños semidomesticados pastan cerca de los pueblos de Lom y Vågå.

DOVRE

Enige og tro til Dovre faller («Unidos y leales hasta que caiga Dovre») fue el lema adoptado en 1814 como juramento de unidad del reino. La meseta de Dovre siempre ha ocupado un lugar importante en la conciencia nacional de los noruegos. En su mente de los noruegos, Dovre representa la eternidad, la fortaleza y la seguridad. Además, Dovre también aparece en la literatura y en los cuentos antiguos y mitos. El Parque Nacional de Dovre es famoso por su rica fauna, bueyes almizcleros, caribúes y glotones, y su flora.

■ **DOVREFJELL – SUNNDALSFJELLA NASJONALPARK** ⭐⭐⭐
Dovrefjell
☎ +47 61 24 14 44
nasjonalparkriket.no
info@nasjonalparkriket.no
Este gran parque nacional se extiende por la cordillera de Dovrefjell. Se amplió en 2002 y ahora abarca tres provincias, incluida Oppland. Los escarpados macizos de la parte occidental están coronados por la cumbre blanca de Snøhetta, que se eleva hasta los 2286 m. En la parte oriental, la roca caliza alberga una de las floras de montaña más ricas de Escandinavia. Entre los animales del parque, figuran bueyes almizcleros, renos salvajes, glotones y zorros de

montaña. Las aves son especialmente abundantes y uno de los santuarios ornitológicos de Noruega, el pantano de Fokstumyra, está a tan solo 20 km más al sur por la E-6. Hay un centro de información en Kongsvold y varias rutas de acceso, incluidas la E-6 y el tren (Dovre, Hjerkinn, Kongsvoll). Cuenta con senderos señalizados, un refugio no vigilado y muchas otras opciones de alojamiento en el valle. Hay diversas actividades disponibles según la temporada. La página web es una mina de información.

▶ **Mirador de Snøhetta.** Una excursión obligada apta para todo el mundo de 3 km ida y vuelta a un espectacular mirador sobre las montañas de Dovrefjell. En la cima hay un refugio donde entrar en calor antes de reemprender la marcha (cerrado en invierno). Aunque es menos frecuentado cuando empieza a nevar, merece la pena visitarlo. A lo lejos se pueden ver bueyes almizcleros cruzando el valle.

▶ **Para más información sobre excursiones y paseos**, visite la página web de la Asociación Noruega de Senderismo: www.turistforeningen.no (versión en inglés).

DOMBÅS

Es un pueblo grande que reúne todas las tiendas y medios de transporte de la región de Dovre, donde se encuentra el Parque Nacional de Dovrefjell. En realidad, Dombås carece de atractivos turísticos, aparte de la pequeña iglesia de madera que data de 1939. La principal razón para detenerse aquí es abastecerse de víveres antes de partir hacia la tundra de Dovre.

VISITA

GJØVIK

Gjøvik, una ciudad de 28 000 habitantes situada frente a Hamar, al otro lado del lago Mjøsa, tiene sus orígenes en una gran fábrica de soplado de vidrio fundada en 1773 por Caspar Kauffeldt. De los muchos edificios que componían la fábrica, solo se conserva la residencia familiar (la Gjøvik Gård), situada ahora en el parque junto al ayuntamiento. En los talleres de la fábrica, que funcionó hasta 1843, se fabricaban vasos de cristal grabado estilo Imperio, botellas para farmacias, decantadores de vino y, sobre todo, las famosas botellas teñidas de azul cobalto. El cobalto procedía de las minas Blaafarveverket, en Modum, situadas más al sur, a unos 30 km de Kongsberg. En el ayuntamiento, abierto los días laborables de 8.30 a 15 h, se expone una magnífica colección de estas copas antiguas: Glassamlingen.

■ BARCO DE RUEDAS (SKIBLADNER)
Strandgata 28A
℃ +47 61 14 40 80
www.skibladner.no/home
skibladner@skibladner.no
Bienvenido a bordo del barco de vapor de ruedas más antiguo del mundo. Es una de las mayores atracciones de la región. Este magnífico *cisne* surca las aguas del lago Mjøsa desde 1856. El sonido del vapor que escapa cuando el barco se pone en marcha es ensordecedor, pero inolvidable. Sale del embarcadero de Gjøvik, con paradas en Hamar, Brumunddal, Mølv, Elvjua, Kapp y Lillehammer, según el itinerario elegido. Una experiencia única, solo en verano.

JEVNAKER

Al sur de Gjøvik, Jevnaker es una pequeña ciudad industrial famosa por sus fábricas de vidrio, con un museo que puede visitarse. También alberga el Glasshuset, un famoso local de conciertos de *rock*.

■ KISTEFOS
Samsmoveien 41
℃ +47 61 31 03 83
www.kistefosmuseum.no
post@kistefosmuseum.com
Este enorme recinto está dedicado al arte contemporáneo. El Twist, que alberga exposiciones temporales, es una impresionante galería peatonal que se eleva sobre el río en perfecta ósmosis con su entorno. Su impresionante forma es una verdadera proeza arquitectónica diseñada por el estudio danés BIG, Bjarke Ingels Group. El parque de esculturas cuenta con unas cincuenta obras repartidas por el entorno natural y es accesible incluso fuera de temporada. También programan exposiciones sobre la industria.

HAMAR

En la Edad Media, Hamar, de 18 000 habitantes, fue la brillante sede de un arzobispado. Completamente destruida por los suecos en 1567, la ciudad nunca ha recuperado su antiguo esplendor. Hoy solo quedan algunos arcos en ruinas de la majestuosa catedral que antaño se alzaba en la punta de Domkirkeodden.
En el centro de la ciudad, muy cerca de la nueva catedral, se encuentra el museo de la cantante Kirsten Flagstad, una de las primeras grandes estrellas de la ópera. Domkirkeodden, con sus prados junto al lago, sigue siendo el sitio preferido de los habitantes de Hamar para pasear.

VISITA

Hamar.

Aproveche para visitar el Vikingskipet, el pabellón de patinaje construido para los Juegos de Lillehammer, con forma de barco vikingo invertido, que fue votado como el mejor logro arquitectónico noruego del siglo. Es un edificio impresionante, bonito tanto de día como de noche

Le recomendamos hacer un minicrucero en el venerable barco a vapor de ruedas Skibladner, el «cisne blanco del lago». Navega desde 1856 por el Mjøsa desde mediados de junio hasta mediados de agosto entre Hamar-Gjøvik-Lillehammer y Hamar-Gjøvik-Eidsvoll. A bordo hay un restaurante, una cafetería y un quiosco. El menú tradicional incluye salmón y fresas de cosecha propia muy sabrosas.

TYNSET

El centro regional de Tynset bien merece su apodo de «Pequeña Siberia». Con -48 °C, ostenta el récord del lugar más frío del sur de Noruega. Un gran novelista local, Trygve Gulbransen, ha escrito una saga sobre una gran familia dinástica propietaria de inmensos bosques de pinos y abetos habitados por osos y lobos: *La voz de los bosques* (*Og bakom synger skogene*).

▶ **La página web del municipio** ofrece información práctica: www.tynset. kommune.no

ALVDAL ⭐

Esta pequeña ciudad de unos 2500 habitantes es más conocida por su museo dedicado a Kjell Aukrust (autor de libros sobre su infancia: *Simen, Bonden* y *Bror Min),* un famoso dibujante y humorista noruego que nació aquí.

Puede merecer la pena desviarse unos 20 km para ver el lago de montaña de Savalen, situado en un precioso paisaje que ofrece bonitos paseos.

FOLLDAL

Folldal es una antigua ciudad minera que estuvo operativa desde principios del siglo XVIII hasta 1993. Fue la última mina del país en cerrar.

VESTFOLD Y TELEMARK

Tras la nueva división administrativa del 1 de enero de 2020, se creó la nueva provincia de Vestfold y Telemark (Vestfold og Telemark) a partir de la fusión de las antiguas provincias de Vestfold y Telemark.

TELEMARK

SKIEN

Telemark se extiende desde la meseta de Hardangervidda hasta la costa y se abre al mar en Langesundsfjorden. Kragero, su ciudad más emblemática en la costa, anuncia el comienzo de otra región muy turística: Aust-Agder.

Telemark es conocida internacionalmente como la cuna del esquí. Sus numerosas estaciones y la pasión general por este deporte son testimonio diario de ello.

Las montañas que la rodean ofrecen un escenario ideal para todo tipo de actividades en la nieve; de hecho, el telemark se inventó aquí.

Skien es el centro administrativo de la provincia de Telemark y Seljord, Notodden y Dalen son los núcleos de población.

Además del esquí, el condado es famoso por su canal, el Telemarkkanal (construido entre 1854 y 1892), de 105 km de longitud y que une Skien con Dalen. Con sus dieciocho esclusas, el canal eleva los barcos 72 metros por encima del nivel del mar. Aunque estuvo olvidado durante unas décadas, ahora vuelve a estar en funcionamiento con dos barcos: el *Victoria*, construido en 1882, y el *Henrik Ibsen*, armado en Suecia en 1907, que realizan a diario la travesía de diez horas hasta el corazón de Telemark, en Dalen. Le recomendamos que dé un paseo en barco por el canal.

Skien, capital de la región de Telemark y lugar de nacimiento del dramaturgo Henrik Ibsen, se extiende a ambos lados del río, que es lo suficientemente ancho como para que grandes barcos suban desde el mar hasta el centro de la ciudad. El comercio de la madera era la principal actividad de Skien. Muchos incendios asolaron en su día la ciudad, incluida la gran finca del padre de Ibsen. Las otras dos casas donde vivió Ibsen, Venstøp y Snipetorp, son ahora museos.

En Venstøp aún se puede ver el desván negro que tanto asustaba a Ibsen de niño y que describió en su obra *El pato silvestre*. Skien fue también un importante centro del pietismo noruego. Henrik Ibsen nació en el seno de una familia numerosa y su padre, arruinado por la especulación, se entregó a la bebida. Para consolarse de su desgracia, su madre se entregó al misticismo pietista. En sus *Memorias de la infancia*, Ibsen, a quien no le gustaba su ciudad natal, dice de Skien: «Nací en una casa de la plaza, la casa Stockman, como se llamaba entonces».

Esta casa estaba justo enfrente de la iglesia con su alto patio y su imponente torre. A la derecha de la iglesia, estaba la

Hønefoss

Krøderen

Vikersund

Austbygde

Sandvika

Rjukan

Lampeland

Tuddal

Drammen

Tinnoset

Kongsberg

Dalen

Notodden

Seljord

Bø

Horten

Kviteseid

Ulefoss

Tønsberg

Bø

Skien

Ulefossvegen

Porsgrunn

Sandefjord

Prestestranda

Stathelle

Larvik

Nissedal

VESTFOLD Y TELEMARK

Kragerø

Skagerrak

Åmli

Myra

Risør

Tvedestrand

30 KM

picota y, a la izquierda, el ayuntamiento con el depósito y la celda de reclusión. El cuarto lado de la plaza estaba ocupado por las escuelas primaria y secundaria. La iglesia se erguía sola en el centro.

■ MUSEO HENRIK IBSEN
Venstøphøgda 74
☎ +47 35 54 45 00
www.telemarkmuseum.no
post@telemark.museum.no
A pocos kilómetros al norte del centro de la ciudad.
Esta granja, donde Ibsen pasó su infancia entre los siete y los quince años, se encuentra a 5 km al norte de la ciudad. Originalmente, era la casa de vacaciones de la familia Ibsen, pero con la quiebra de los negocios del padre en 1835, este tuvo que vender su residencia en la ciudad. La finca de Venstøp se quemó en un incendio en 1886. El desván que tanto asustaba a Ibsen es el mismo que se menciona en su obra *El pato silvestre*. También hay una pequeña representación de algunas producciones de Ibsen. Este lugar es uno de los tres museos dedicados al dramaturgo en Noruega.

ULEFOSS
Ulefoss se encuentra a treinta minutos al norte de Skien, a lo largo del canal de Telemark. También es un puerto de embarque de los cruceros que pasan por el canal.

BØ
Bø i Telemark se ha convertido en uno de los centros más importantes del turismo de la provincia. Su diversidad, ríos, lagos, bosques, montañas... garantiza unas agradables vacaciones a todos los amantes de la naturaleza. Situada en el centro de esta región turística, Lifjell es una zona de alta montaña con picos de más de 1300 metros de altura.
Aquí podrá disfrutar de magníficos senderos en un precioso entorno natural de marismas, lagos llenos de peces y altas mesetas.

Estación de Bø.

NOTODDEN ⭐

De vuelta a Oslo, a cuatro kilómetros al sur de Tusenfryd, puede tomar la carreterita 156 a la derecha para subir por la península de Notodden durante unos diez kilómetros hasta la iglesia. A 1,5 km al norte, se encuentra Røer, una granja medieval bien escondida que ha estado habitada por la misma familia desde 1600. En el pasado, esta península montañosa y boscosa estaba tan aislada que aquí sobrevivió una lengua medieval mucho más tiempo que en otros lugares. Hoy, el ferri entre Notodden y Oslo es muy popular entre turistas y bañistas. Al sur, la E-6 se convierte en una concurrida autopista.

■ IGLESIA DE MADERA EN PIE (HEDDAL STAVKIRKE) ⭐⭐

Heddalsvegen 412
℗ +47 35 01 39 90

Esta iglesia se construyó hacia el 1100 cuando este país vikingo apenas se había cristianizado, y alberga una curiosa mezcla. Su magnífico pórtico está tallado con nudos y cabezas de dragón. En el interior hay un asiento tallado que representa a Sigurd ayudando a Gunnar a conquistar Brynhild, protegido por una muralla de llamas. Sigfrido, Gunther y Brunehilde son los tres héroes que inspiraron a Wagner para crear los protagonistas de *El anillo del Nibelungo*. Recomendamos visitarla.

RJUKAN ⭐⭐

Rjukan es un antiguo centro industrial que prosperó en el siglo XX, que se encuentra en el Parque Nacional de Hardangervidda, al pie de la montaña Gaustatoppen. Aquí se construyeron muchos edificios importantes, y es la combinación de este concepto industrial (carreteras, edificios, redes, líneas eléctricas) y el espectacular entorno natural que la rodea lo que le ha valido a esta ciudad obrera el estatus de Patrimonio Mundial de la Unesco. Es un ejemplo perfecto del modelo industrial mundial de principios del siglo XX.

Iglesia de madera de Notodden.

© KRISTOFFER DANIELSEN – SHUTTERSTOCK.COM

VISITA

TUDDAL

Tuddal es un profundo valle que se extiende desde el monte Gaustatoppen, a 1881 metros sobre el nivel del mar, hasta Sauland. Conocido por su peculiar arquitectura, Tuddal cuenta con varios edificios medievales catalogados. En un pequeño terreno situado en el centro de la ciudad, se encuentra la granja de Tuddal, un bonito conjunto de casas rurales en las que se exponen antigüedades. La granja también incluye una alquería y un pasto de montaña.

SELJORD ⭐⭐

Seljord es uno de los pueblos más bonitos de Telemark. Imagínese un hermoso día de primavera con los picos de Skove y Lifjell aún cubiertos de nieve, los abedules blancos con sus suaves hojas verdes en las laderas, todo ello reflejado en las aguas cristalinas del lago Seljordsvatnet. Se dice que este lago es el hogar de una serpiente marina llamada Selma, prima lejana del monstruo del lago Ness y que se ha avistado en la zona durante cientos de años, apareciendo en los días más calurosos del verano. El lago está rodeado por magníficas playas, llanuras, sutiles colinas y altas montañas. Todos los años, Seljord acoge una feria de ganado. Esta feria agrícola, la más grande de Noruega, comienza el segundo viernes de septiembre. Además de animales, se venden cuchillos de gran calidad, relojes y todo tipo de antigüedades, en medio de un estruendo de violines de Hardanger y mugidos del ganado.

MORGEDAL ⭐

En Kvitseid, centro administrativo del municipio, la carretera 11 cruza el canal de Telemark. Un paseo en barco por el canal, con sus numerosas esclusas, le llevará hasta la costa en Skien-Porsgrunn. Morgedal es conocida como la cuna del esquí. Øvrebø, una pequeña granja en lo alto del pueblo, se ha convertido en museo. Fue el lugar de nacimiento de Sondre Norheim, un esquiador entusiasta y con talento responsable de dos grandes innovaciones: la fijación del esquí y el esquí ligeramente curvado, que lo hacía más suave y flexible. Otro habitante de Morgedal, Olaf Bjaaland, hábil esquiador y artesano,

acompañó al explorador Roald Amundsen en su expedición al Polo Sur.

Fueron sin duda estas hermosas montañas de Telemark las que inspiraron estas técnicas innovadoras. De hecho, la palabra «eslalom» procede de la lengua local, y las empinadas laderas de este lugar dieron origen al famoso giro «telemark».

■ **MUSEO NORUEGO DEL ESQUÍ (NORSK SKIEVENTYR)** ⭐⭐
Morgedalvegen 158
✆ +47 35 06 90 85
www.vest-telemark.museum.no
post@vtm.no
Este centro de documentación sobre los inicios del esquí cuenta con una exposición multimedia que muestra la evolución de este deporte. Una película en cinemascope muestra como protagonista a Sondre Norheim antes de entrar en la recreación de un paisaje nevado donde el juego de luces y los efectos sonoros recrean una atmósfera invernal. Una actividad estupenda para hacer en familia y que se sale de lo común. Si puede, párese a visitarlo, se lo recomendamos.

KVITESEID

El municipio de Kvitseid se extiende a lo largo del canal de Telemark. El municipio cuenta con una estación de esquí en Vradal con 50 km de pistas de esquí de fondo y esquí alpino. Kvitseid está estrechamente vinculado a Morgedal, lugar de nacimiento del campeón noruego de esquí Sondre Norheim.

DALEN ⭐

Situada en el centro de la región de Telemark, Dalen es una ciudad de

3400 habitantes que aumenta mucho su población cuando hay turistas. Tiene un entorno atractivo: la ciudad se extiende a lo largo de un lago y se encuentra enclavada en el corazón de las montañas. Aquí predominan las actividades al aire libre. Dalen es también un lugar ideal para disfrutar del canal de Telemark.

NISSEDAL

El Nisser, con sus 37 km de longitud, es el lago más grande del Telemark y el séptimo de Noruega. Los habitantes de Nissedal se han asentado principalmente en la orilla este del lago, donde el terreno es menos accidentado. La carretera 41, que recorre esta orilla, ofrece unas vistas magníficas.

El lago, un paraíso para tomar el sol y pasear en familia, está rodeado de preciosas playas de arena y sus aguas poco profundas son perfectas para nadar. Nissedal ha sido bautizada incluso como la «Riviera de Telemark». Encontramos numerosos campings, con o sin cabañas, a orillas del lago, donde se puede pescar trucha, perca, lavareto y trucha alpina.

KRAGERØ

Kragerø se encuentra a 13 km de la E-18, en la costa. Es el primero de los diminutos pueblos blancos que se alinean como perlas en un collar hasta Flekkefjord. Calles estrechas y sinuosas se entrelazan entre pequeñas casas con tejados de tejas rosas o negras. Tras el incendio del 1800, el pueblo se reconstruyó con casas de no más de dos plantas pintadas de blanco. Como recuerdo nostálgico de su pasado, el pueblo cuenta con una estatua de un marinero apoyado en su timón en su placita frente al hotel Victoria, titulada *El sueño de las profundidades*. En el lateral donde las casitas se aferran a la roca, hacen falta, al menos, tres escaleras para subir. En el otro extremo está el transbordador a Stabbestad, lugar que permite continuar por las pequeñas carreteras junto al mar.

VISITA

© PLAMDENA – ISTOCKPHOTO

Puerto de Kragerø.

■ JOMFRULAND ★★

Jomfruland

El enlace es por ferri; calcule una hora de trayecto.

Este *país virgen*, con apenas 65 residentes permanentes, está formado por islotes y arrecifes que forman una media luna a todo lo largo que protegen Kragerø. Está rodeado de playas de arena en el interior y de guijarros en el exterior. Este pequeño archipiélago representa el paisaje típico de la zona y alberga una reserva natural. La isla principal, Jomfruland, mide unos 7,5 km de largo y 1 km de ancho. Aquí encontramos dos faros blancos, uno de ellos todavía en uso, pontones, pequeños senderos, barcas, playas magníficas y aves. No está nada mal.

VESTFOLD

Vestfold se encuentra al oeste del fiordo de Oslo. Debido a su proximidad al fiordo, la provincia cuenta con una flora y fauna impresionantes, con 110 especies protegidas por la Ley de Conservación de la Naturaleza. La provincia está dominada por llanuras y se ha convertido en una de las regiones agrícolas más productivas del país. Vestfold está formada por ciudades muy conocidas, como Larvik, Sandefjord y Tønsberg. Tønsberg es el centro administrativo.

TØNSBERG ★★

Tønsberg es la ciudad más antigua de Noruega. Se fundó un año antes de que el rey vikingo Harald, el de la hermosa cabellera, uniera el país en el 872. A 5 km al norte de Tønsberg, se encuentra el famoso túmulo real, donde las excavaciones han desenterrado fabulosos tesoros. En 1904 se encontró el *drakkar* que sirvió de sepultura a dos reinas vikingas en el año 830. Más cercano a nosotros, Sven Foyn, natural de Tønsberg, inventó una nueva y mortífera arma para la caza de ballenas: el arpón de dinamita. Karlsvikodden, al este de Tønsberg, tiene una playa reservada para los nudistas. La ciudad está rodeada por un *skjærgård* de unas setecientas islas e islotes y es un lugar ideal para la navegación, con siete puertos deportivos para los visitantes.

SANDEFJORD

En el centro de Sandefjord, cerca del puerto deportivo, se alza el famoso monumento a los balleneros que antaño hicieron prosperar la ciudad. Hoy en día, Sandefjord no es más que un pequeño centro turístico adormecido.

LARVIK

El puerto de Larvik es una mancomunidad de municipios de 40 000 habitantes situada en la desembocadura del río Numedalslagen. Ha prosperado gracias a las industrias de la madera y el hierro, muy desarrolladas en sus orillas. La ciudad también es famosa por su agua mineral Farris. Su puerto es una de las puertas de entrada a Noruega, con numerosos enlaces marítimos con Dinamarca.

SØRLANDET

Pequeñas islas, playas, sol, casas blancas junto al mar... Esta es la postal de Sørlandet, la región más soleada del país. Para los noruegos, es la costa del sol del país, el destino vacacional por excelencia. La costa y sus magníficas playas son muy populares entre los veraneantes, pero las zonas del interior también están llenas de encanto, sobre todo el valle de Setesdal. La región forma parte del Skagerrak, una zona costera compartida por Suecia, Dinamarca y Noruega.

PROVINCIA DE AGDER

La nueva provincia de Agder se creó el 1 de enero de 2020 a partir de la fusión de las dos provincias de Aust-Agder y Vest-Agder.

Aust-Agder es una de las dos provincias de Agder. En esta zona, casi el 80 % de la población vive en la costa. En este capítulo, solo exploraremos la costa, con la excepción de la pequeña ciudad de Åmli.

La costa de Aust-Agder forma parte del Skagerrak, una zona con un litoral continuo que se extiende desde Noruega hasta la península de Jutlandia, en Dinamarca, pasando por el suroeste de Suecia.

En verano, la principal industria de la provincia es el turismo, con las ciudades de Risør, Lillesand, Arendal (centro administrativo) y Grimstad como destinos favoritos. Siga esta magnífica costa salpicada de pueblos blancos, historias de pescadores y recuerdos de dos grandes escritores noruegos: Henrik Ibsen y Knut Hamsun.

Vest-Agder es la segunda provincia de Agder, con Kristiansand como ciudad principal. Está situada en el extremo sur de Noruega y, al igual que Aust-Agder, forma parte de Skagerakk. Vest-Agder goza de un clima agradable gracias a la corriente del Golfo, que entra en Noruega por esta zona. Por su clima soleado, recibe el sobrenombre de la «Costa Azul de Noruega».

La provincia tiene una historia internacional desde finales del siglo XIX, cuando muchos noruegos de la región emigraron a Estados Unidos. Desde los años 1970, muchos de ellos han regresado a su patria. Vest-Agder es conocida por tener el mayor nivel de exportaciones al extranjero.

RISØR

Con sus honorables casas blancas de tejas negras vidriadas, Risør tiene el aire de un antiguo puerto deportivo de lujo. Sus casas se alinean junto al puerto, bajo rocas cubiertas de vegetación. La estatua de una gran ancla marina se alza en el muelle.

El paisaje de Risør está marcado por tres grandes fiordos: Nordfjord, Sørfjorden y Sandnesfjord. Risør es una de las ciudades más antiguas del sur de Noruega.

LYNGØR

Solo se puede acceder a la isla en barco. No se permiten coches, lo que sin duda ha contribuido a su aislamiento del mundo exterior. En 1990, Lyngør, con sus casas blancas situadas sobre islotes en el mar, fue nombrado el pueblo mejor conservado de Europa.

ARENDAL

La ciudad está construida enteramente sobre canales. Reconstruida tras una serie de incendios en 1860, los edificios de piedra sustituyeron a las casas de madera y los canales se cubrieron. Aproveche para tomar el sol: Arendal ostenta el récord de días soleados de la costa sur.

GRIMSTAD

Grimstad, apodada «la ciudad de los poetas», es otra de las perlas blancas de la costa, con un centro peatonal tranquilo y encantador. Merece la pena visitar la antigua farmacia donde Henrik Ibsen fue aprendiz entre 1844 y 1850. La gran casa blanca que está a su lado se ha convertido en un museo. El busto del gran dramaturgo puede verse en el pequeño jardín. La ciudad también es famosa por la belleza de su costa, su singular teatro y su vino afrutado. La ciudad de Grimstad comprende un archipiélago de islas situado a 62 millas náuticas de Dinamarca.

HOMBORSUND

La estrecha carretera de Eide conduce a Homborsund, escenario del largo poema épico de Henrik Ibsen *Terje Viken*. Este marinero cruzó a remo el mar de Skagerrak para traer trigo danés para su hijo y su joven esposa. La historia se desarrolla en la época del bloqueo impuesto por los ingleses durante las guerras napoleónicas, cuando el reino de Dinamarca-Noruega se puso del lado de Francia. La tumba de Terje Viken está frente al mar, sobre una roca golpeada por las olas.

LILLESAND

Se trata de un pueblo aún más pequeño que sus vecinos. Cerca del puerto hay un

© ALBYDIETWEEDE – ISTOCKPHOTO

Lillesand.

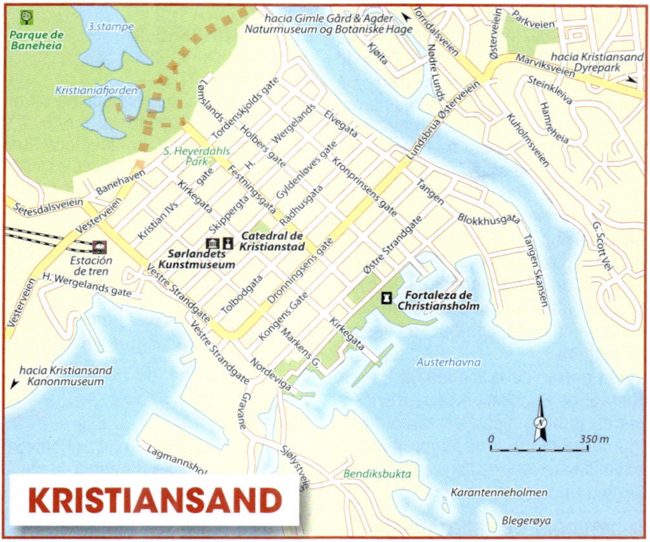
KRISTIANSAND
Parque de Baneheia
3.stampe
Kristianiafjorden
hacia Gimle Gård & Agder Naturmuseum og Botaniske Hage
Torridalsveien
Østerveien
Parkveien
Kjøita
Nødre Lunds
Marviksveien
hacia Kristiansand Dyrepark
Steinkleiva
Hamreheia
Kuholmsveien
Lundsbrua Østerveien
Lømslands gate
Tordenskjolds gate
Holbergs gate
H. Wergelands gate
Elvegata
S. Heyerdahls Park
Festningsgata
Gyldenløves gate
Kronprinsens gate
Tangen
Banehaven
Kirkegata
Setesdalsveiein
Vesterveien
Christian IVs
Skippergata
Rådhusgata
Blokkhusgata
Catedral de Kristianstad
Sørlandets Kunstmuseum
Estación de tren
H. Wergelands gate
Vestre Strandgate
Dronningens gate
Østre Strandgate
Tangen Skansen
G. Scott Vei
Fortaleza de Christiansholm
Vesterveien
Tolbodgata
Kongens Gate
Markens G.
Kirkegata
Austerhavna
hacia Kristiansand Kanonmuseum
Vestre Strandgate
Nordeviga
Gravane
0
350 m
Lagmannsholmen
Sjølystveien
Bendiksbukta
Karantenneholmen
Blegerøya

hotel llamado Norge, donde solía venir a escribir el escritor Knut Hamsun. La localidad se ha desarrollado gracias al turismo, pero sobre todo gracias a su historia marítima. En el siglo XVIII, la ciudad empezó a construir barcos. El año 1800 marcó el verdadero momento álgido de la ciudad.

ÅMLI

Esta ciudad de 1800 habitantes ha sabido proteger muy bien su entorno natural. Atravesada por cinco ríos, es el lugar ideal para los aficionados a la pesca. Cerca de la carretera principal, aunque poco conocida, Åmli se ha conservado especialmente bien. Valles maravillosos, ríos repletos de peces, bosques y páramos interminables, lagos idílicos... Estamos en la frontera entre Setesdal y Telemark, en el corazón del reino de los castores. Aquí podrá observarlos de cerca y ver cómo construyen sus ingeniosas presas y sus cuidadas viviendas.

Se pueden emprender rutas de senderismo muy bonitas, como las que llevan a las cascadas de Rjukanfossen.

KRISTIANSAND ★★

Un anillo de peaje rodea Kristansand, a 11 km del centro de la ciudad. No debe confundirse con Kristiansund N, al norte. Por eso Kristiansand, al sur, va seguida de una «S» y Kristiansund, al norte, de una «N».

Se trata de la capital administrativa y económica del sur de Noruega y, con 88 000 habitantes, es la quinta ciudad más grande del país, y la mayor de Sørlandet. Formada íntegramente por calles en ángulo recto, la ciudad se construyó en 1641 por real decreto de Cristián IV, que seguía aplicando su sistema *Kvadraten*, «la cuadratura»: en Oslo, el mismo principio se ha aplicado hasta tal punto que uno de los distritos de la capital se llama Kvadraturen. El carácter *renacentista* de la calle Skippergaten la convierte en un lugar lleno de encanto, con bonitas casitas de madera.

Justo detrás de la ciudad, el Parque Natural de Baneheia ofrece preciosas vistas panorámicas de la costa, al igual que el mirador panorámico de Ravneheia, al que se llega subiendo un largo tramo de escaleras.

■ CATEDRAL DE KRISTIANSAND (DOMKIRKE)

Gyldenløves gate 9
℗ +47 38 19 69 00
www.kristiansanddomkirke.no
domkirken@kristiansand.kommune.no
La catedral data de 1885 y fue construida en estilo neogótico por el arquitecto Henrik Thrap-Meyer. Con 60 metros de largo, 38,7 de ancho y 70 de alto, es una de las más grandes del país. Aquí se celebran regularmente conciertos de música clásica. De mediados de junio a mediados de agosto, organizan visitas guiadas a la cima del campanario. Algunas se ofrecen también en inglés.
Recitales de órgano todos los días de la semana en verano a las 11 o a las 15 horas.

■ FORTALEZA DE CHRISTIANSHOLM

Østre Strandgate 52B
℗ +47 38 07 51 50
www.kristiansand.kommune.no
La fortaleza se construyó en 1672 y fue diseñada por el arquitecto Willem Coucheron para poder defender la ciudad de Kristiansand en caso de necesidad. En realidad, el fuerte solo se utilizó una vez, en 1807, contra un ataque de los británicos (del *HMS Spencer)*. En 1872 se cerró y ahora es propiedad del municipio de Kristiansand. En verano hay exposiciones temporales de arte y artesanía. Se trata de una visita relativamente interesante.

MANDAL

Mandal, la ciudad más al sur de Noruega, es también famosa por tener la playa más bonita del país: Sjøsanden. El casco antiguo, con sus sinuosas calles y casitas blancas, se encuentra al oeste del puerto. Mandal es la ciudad natal del pintor Adolph Tidemand y del escultor Gustav Vigeland.

LINDESNES

Este municipio de unos 4500 habitantes adquiere en verano el aspecto de una localidad costera.
La arquitectura típica del sur del país, casitas de pescadores de madera y blancas, permite dar agradables paseos. Su faro es famoso por encontrarse en el punto más meridional del país.

■ FARO DE LINDESNES

Lindesnes Fyr
℗ +47 38 25 54 20
www.lindesnesfyr.no
post@lindesnesfyr.no

Faro de Lindesnes.

Este faro rojo y blanco, que representa el punto más al sur de Noruega, es también el más antiguo del país, construido en 1916. El primer faro se instaló aquí en 1656. El Lindesnes Fyr siempre ha guiado a los barcos a través de los arrecifes y escollos que salpican esta peligrosa costa. Las vistas desde lo alto de este faro, acoplado sobre una gran roca constantemente azotada por el oleaje, son muy bonitas y son quizá aún más impresionantes con mal tiempo. Aquí encontrará una tienda de recuerdos y aseos públicos.

KVINESDAL

La carretera Rv-465, en dirección al interior, serpentea por el valle de Kvinesdal, también conocido como valle de Saron debido a la gran reunión religiosa anual. Varios miles de personas se reúnen en el salón, que puede albergar hasta 6000 fieles, o asisten a misas al aire libre o a otros encuentros de tipo religioso. Kvinesdal cuenta con una escuela misionera, periódicos y publicaciones ecuménicas y un estudio de grabación para programas de radio y televisión. Liknes es la capital de Kvinesdal y tiene unos 3000 habitantes. Kvinesdal también se conoce como *Amerika bygd* debido al número de residentes estadounidenses. Son noruegos que emigraron a Estados Unidos, se hicieron estadounidenses y regresaron a Noruega, o descendientes de noruegos que no han recuperado la nacionalidad de sus antepasados.

FLEKKEFJORD

Este pequeño puerto es más conocido por su antiguo barrio holandés del siglo XVI, recuerdo del floreciente comercio con Holanda, que en aquella época necesitaba madera para construir sus diques y puertos. El auge económico de Flekkefjord decayó al mismo tiempo que llegó el fin de los grandes barcos.

VESTLANDET

Vestlandet es uno de los cinco landsdeler («regiones») del país. Está situado al oeste y, desde el 1 de enero de 2020, incluye las provincias de Møre og Romsdal, Vestland y Rogaland. La región es conocida en todo el mundo por la belleza de sus fiordos, de sus montañas y del valle de Jæren (al sur). Jotunheim y la meseta de Hardanger son los puntos más altos de la región y el glaciar Jostedal es el más grande de Europa. Sus aguas cristalinas que reflejan los cielos cambiantes, sus escarpados acantilados y su densa vegetación hacen que la región de los fiordos, que se extiende desde Stavanger, al sur, hasta Trondheim, al norte, sea un lugar único y lleno de encanto. Montañas de hasta 2400 metros de altura se precipitan por los abismos de los fiordos, algunos de los cuales descienden 1300 metros por debajo del nivel del mar. Cientos de fiordos penetran profundamente en la tierra y unen el mar con los pies de las altas montañas y, a veces incluso, con los glaciares. Hardangerfjord y Geirangerfjord, declarados Patrimonio de la Humanidad por la Unesco, son considerados los más bonitos. Sognefjord, con 200 km, es el más largo. En primavera, en este excepcional microclima creado por la suave corriente del Golfo y protegido por los confines del fiordo, preciosos vergeles compiten en blancura con las nieves eternas de las cumbres. Es una región maravillosa llena de contrastes, donde los glaciares azules centellean en el aire cristalino de la montaña, donde los fondos de los valles se cubren de verdor mientras cascadas espumosas se precipitan en las aguas turquesas de los fiordos.

ROGALAND

Situada en el suroeste de Noruega, Rogaland es una región rica en historia. Se cree que los primeros habitantes de Noruega desembarcaron aquí justo después del deshielo, así que no es raro encontrar vestigios de las Edades de Piedra y Bronce en las llanuras. La unificación de Noruega en el 872 por Harald, el de la hermosa cabellera, tuvo lugar en esta región, como atestiguan las tres espadas erigidas a la entrada de Stavanger. Famosa por la diversidad de su entorno natural, la región ofrece muchas posibilidades: bañarse en el mar del Norte en verano, ya que gracias a la corriente del Golfo, el agua está a veces más caliente que en Portugal; recorrer en bicicleta las llanuras agrícolas o hacer una excursión por el Lysefjord. Por último, hay una ruta de senderismo larga y accidentada hasta la famosa meseta rocosa de Preikestolen (Roca del Púlpito), que se sumerge directamente en el agua a más de 600 metros de altura. Pero Rogaland también es rural en el Jaeren, donde la luz cambiante juega con la redondez de la roca erosionada, ya que a los fuertes aguaceros les sigue rápidamente un sol radiante; una luz que ha atraído a muchos pintores (estudios de artistas en Ogna).

También se pueden ver ovejas negras, así como los primeros *bedehus,* los templos de oración de las innumerables sectas religiosas que abundan en la costa oeste de Noruega. Esta región cuenta con el mayor número de practicantes religiosos del país, sin duda debido al aislamiento de los fiordos y la proximidad del mar, factores que crean unas difíciles condiciones de vida dominadas por los elementos.

La famosa carretera del mar del Norte, o N-44, que rodea la costa hasta Stavanger, atrae a los surfistas en verano y a los románticos en invierno. Sigue la costa y sus playas de guijarros, donde encontramos pequeños monumentos conmemorativos de los barcos hundidos frente a esta costa que parece tranquila, pero que es muy traicionera.

STAVANGER ⭐⭐⭐

Stavanger es la cuarta ciudad más grande de Noruega y la capital de Rogaland. Con algo menos de 120 000 habitantes, es la metrópoli más pequeña de Europa. La auténtica región de los fiordos comienza en Stavanger. El Lysefjord, de 42 km de longitud, es uno de los parajes naturales que no puede perderse en Noruega.

Stavanger es, por tanto, una relajante parada en su viaje, y su clima templado —temperaturas medias de 3 °C en enero y 16 °C en julio—, la hace aún más agradable.

■ CATEDRAL DE STAVANGER (DOMKIRKE) ⭐⭐
Haakon VIIs gate 2
℡ +47 51 84 04 00
post.stavanger@kirken.no
El rey Sigurd Jorsalfar, ferviente cristiano

que participó en las cruzadas, ordenó la construcción de esta catedral en 1125. Erigida en estilo anglonormando con la ayuda de oficiales ingleses, resultó dañada por un incendio en 1272. El coro fue reconstruido en estilo gótico y el resto del interior es barroco. En la literatura se ha especulado con que los restos de una iglesia de madera en pie construida por Erling Skjalgsson alrededor de 1015 se encuentran bajo la actual catedral.

■ MONASTERIO DE UTSTEIN (UTSTEIN KLOSTER) ⭐⭐⭐
Mosterøyveien 801
Mosterøy
℡ +47 51 72 00 50
www.utsteinkloster.no
booking@utstein-kloster.no
Probablemente fundado en 1250 por Magnus Lagabøter, el monasterio de Utstein está situado en un bonito entorno y rodeado de jardines. Data de la Edad Media y fue residencia real del primer rey de Noruega, Harald, antes de pasar a manos de los monjes de Stavanger en el siglo XII.

Actualmente, convertido en museo, ofrece un marco privilegiado para asistir a conciertos de forma puntual en la iglesia del monasterio, así como a misa todos los domingos.

■ MUSEO DE ARTE (STAVANGER KUNSTMUSEUM) ⭐⭐
Henrik Ibsensgate 55
℡ +47 932 13 715
www.museumstavanger.no
vert.kunst@museumstavanger.no
Este museo se encuentra cerca del lago Mosvann y del albergue juvenil, pero, por desgracia, está un poco alejado del centro (25 minutos a pie del centro de la ciudad

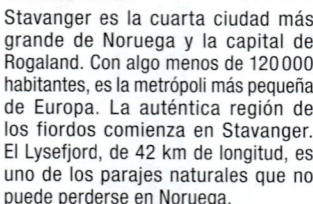

Vista general de Stavanger.

y cinco minutos en autobús). Cuenta con unos 1500 cuadros de los siglos XIX y XX y expone alrededor de dos tercios de todas las obras neorrománticas de Lars Hertervig. El museo también expone cuadros de Kitty Kielland. Cafetería en las instalaciones. Visitas guiadas. Actividades para niños y familias.

■ MUSEO NORUEGO DEL PETRÓLEO (NORSK OLJEMUSEUM)

Kjeringholmen 1
✆ +47 51 93 93 00
www.norskolje.museum.no
post@norskolje.museum.no
Un museo interactivo que explica la aventura petrolera noruega. ¿Cómo se forman el petróleo y el gas, cómo se encuentran los recursos en el fondo marino y cómo se realizan las perforaciones y la producción? También podrá conocerlo todo sobre la vida en una plataforma marítima. El museo ofrece actividades divertidas para los niños. También presenta el gran reto climático de las emisiones de gases de efecto invernadero y el calentamiento global.

■ PARQUE REAL (KONGEPARKEN) ★★

Kongsgata 20
✆ +47 81 52 26 66
www.kongeparken.no
info@kongeparken.no
Este parque se inspira en el tema de Gulliver y su viaje al país de los liliputienses. También hay un circuito de coches de choque llamado Circuito de Le Mans. En la granja en miniatura de Jæren, en el parque, los niños pueden jugar con el heno, y también pueden visitar una reproducción de una fábrica de chocolate y probar a hacer chocolate, ¡y los padres también! También hay cafeterías donde se puede comer. El parque se adapta a los cambios de estación y celebra fiestas como Halloween y Navidad. Un parque para toda la familia.

© PATRICKL – SHUTTERSTOCK.COM

Vista aérea de Sandnes.

SANDNES

La vecina de Stavanger no tiene nada de que avergonzarse: en los últimos años, Sandnes se ha convertido en una ciudad moderna. Esta ciudad en continuo movimiento está llena de energía, pero consigue conservar el encanto de un pueblecito sin pretensiones. Al igual que Stavanger, está en constante expansión. La cultura ocupa un lugar destacado con el nuevo teatro de la ópera y la sala de conciertos. Alrededor de la calle peatonal han surgido restaurantes de moda.

Le recomendamos pasear por el pequeño centro de la ciudad, participar en las numerosas actividades deportivas que se ofrecen o pasar un buen rato en los cercanos parques temáticos. Cabe destacar que el Ayuntamiento ha emprendido una política de desarrollo de la bicicleta, lo que la convierte en una de las ciudades mejor equipadas del país en este ámbito.

■ JÆRMUSEET ★★

Vitenfabrikken – La fábrica de la ciencia
Storgata 28
☎ +47 47 77 60 20
www.jaermuseet.no
post@jaermuseet.no

Jærmuseet es un centro científico y un museo compartido por siete municipios de la región. El museo presenta la historia, la cultura y la industrialización de Jæren. Está dividido en dos sedes principales: «Vitengarden» («la granja de la ciencia»), en Nærbø, y «Vitenfabrikken» («la fábrica de la ciencia»), en Sandnes. También dependen de ella otros museos de la región. La oficina administrativa central se encuentra en Vitengarden. Elegido Museo del Año en 2009 por el Ministerio de Cultura noruego, también recibió el mismo año el Premio Europeo Micheletti al mejor museo técnico de Europa. Y con razón: la visita es realmente fascinante, pero tenga cuidado porque el tiempo vuela sin que se dé cuenta. Ambos recintos cuentan con exposiciones interactivas sobre alimentación, arquitectura y métodos y materiales de construcción. El museo de Naerbo está ubicado en una antigua granja de madera y piedra en plena naturaleza. Cuenta la historia y el desarrollo de la industrialización y ofrece interesantes exposiciones sobre la vida cotidiana de los granjeros de la época y sobre el desarrollo de técnicas y métodos industriales. Muy didáctico para grandes y pequeños. Programan eventos especiales casi todas las semanas, así que no dude en consultar su página web o llamar directamente por teléfono para reservar una actividad. Hay una estupenda cafetería que sirve platos calientes y fríos. Wifi. Aparcamiento.

PREIKESTOLEN

Preikestolen, o Roca del Púlpito, es una de las principales atracciones naturales de la región de Stavanger. Esta gigantesca roca vertiginosa, tallada por la erosión, se eleva como el púlpito de una iglesia sobre las verdes aguas del Lysefjord, 600 metros más abajo. El Lysefjord fue mencionado por Víctor Hugo en *Los trabajadores del mar*. Este paraje natural de impresionante belleza se ha convertido en una importante atracción turística, con unos 60 000 visitantes cada verano. Es un magnífico mirador, quizá el más impresionante de toda Noruega. Se tarda un día entero en explorar el lugar.
Hay dos formas de contemplar esta maravilla. La primera es desde la cima, lo que lleva unas cuatro horas de ida y vuelta a pie. La primera mitad de la ruta es bastante fácil, pero la segunda parte tiene

un gran desnivel hacia Preikestolen y es un poco más difícil debido a lo empinado del camino. Se recomienda llevar calzado resistente, sobre todo en época de lluvia. También se puede ir andando desde el camping. Coja la carretera por Gydalen, pasando por Preikestolhytta. Si se toma su tiempo, la caminata dura unas tres horas y media, siempre que esté en buenas condiciones físicas.
La otra opción, más accesible, es ir en barco hasta el final del Lysefjord. El trayecto dura unas dos horas.

HAUGESUND

Esta ciudad portuaria, famosa por sus arenques, también se ha enriquecido gracias a las refinerías de petróleo del mar del Norte. El festival Sildajazz, que se celebra en agosto, presenta el bufé de arenques más grande del mundo en homenaje a la industria pesquera de la ciudad.

■ **FARO DE RYVARDEN (RYVARDEN KULTURFYR)**
Mønstrevåg, Sveio
✆ +47 46 90 60 43
www.ryvarden.no
ryvarden@sveio.kommune.no
Es un centro cultural y museo folclórico situado en el corazón de un fiordo. El faro se construyó en 1849. También encontrará una acogedora cafetería con té y café, así como su especialidad: gofres con mermelada y nata. También preparan platos salados ligeros, como sopas, ideales para después de una corta caminata. Además, hay una exposición temporal de arte y una bonita tienda de recuerdos que vende cosas que no encontrará en ningún otro sitio. Es todo un cambio de aires.

VESTLAND

La nueva provincia de Vestland se creó el 1 de enero de 2020 a partir de la fusión de los antiguos municipios de Hordaland y Sogn og Fjordane.

Sogn og Fjordane es una región rural del oeste del país caracterizada por un paisaje que combina costa, fiordos y montañas. La región alberga numerosos tesoros naturales, como Jostedalsbreen, el mayor glaciar de Noruega, y Ramnefjellsfossen (275 metros), la tercera catarata más grande del mundo. Al sur de la región se encuentra el famoso Nærøyfjord, un fiordo declarado Patrimonio de la Humanidad por la Unesco.

Situada al norte de Rogaland, Hordaland es conocida, sobre todo, por la ciudad de Bergen, Patrimonio de la Humanidad de la Unesco por su gran concentración de casas de madera. Aquí vive el 60 % de la población de Hordaland. Pero el municipio tiene mucho más que ofrecer. Es un paraíso para los amantes del deporte. Tanto en verano como en invierno, Voss ofrece una amplia gama de deportes rodeados siempre por la naturaleza. Esquí, kayak, pesca, senderismo, paracaidismo... La naturaleza cobra protagonismo con el Hardangerfjord, por donde se organizan numerosas excursiones.

BERGEN

No se pierda la segunda ciudad más grande del país con su puerto hanseático declarado Patrimonio de la Humanidad por la Unesco. Recomendamos que haga una parada en el mercado de pescado. Bergen está construida sobre una serie de siete colinas, lo que le ha valido el sobrenombre de «la Roma del Norte», y no ha sido bendecida con un buen clima. Se dice que si no llueve, es que ha llovido o está a punto de llover. Así que haga la maleta teniendo esto en cuenta. Sin embargo, el carácter pintoresco de la ciudad hace que merezca la pena visitarla. Aquí nació el gran compositor Edvard Grieg (1843-1907).

■ MUSEO EDVARD GRIEG TROLDHAUGEN

Troldhaugveien, 65 – Paradis
℡ +47 53 00 97 00
www.griegmuseum.no
troldhaugen@kodebergen.no
A unos 8 km del centro de la ciudad. Viaje de 20 minutos en el autobús n.º 20 desde la estación de autobuses y, a continuación, 15 minutos a pie hasta Troldhaugen.
La encantadora villa del gran compositor y pianista noruego de música clásica

Bryggen, el casco histórico de Bergen.

BERGEN

VISITA

(periodo romántico) está situada en lo alto de un pico de vegetación con vistas al lago Nordås. Construida en 1885 para Edvard Grieg, la casa se conserva en su estado original desde su muerte. Este museo, que alberga todo el mobiliario de época y los objetos personales de Grieg, es una casa que sigue viva gracias a los conciertos íntimos que se siguen dando con el antiguo piano del maestro.

Grieg vivió aquí más de veinte años al final de su vida. Actualmente, hay conciertos todos los días durante el Festival Internacional de Música, así como conciertos de verano los miércoles, sábados y domingos. Las entradas están a la venta en la oficina de turismo. La nueva sala de conciertos, más grande, está, por suerte, escondida bajo el puente que hay justo antes de la casa. Un poco más adelante, la pequeña cabaña de trabajo de Grieg, muy sencilla, se encuentra prácticamente a orillas del lago. Su abrigo, su sombrero y su violín siguen colgados en la pared. Desde la única ventana, se puede ver el lago a través de las ramas de los grandes abedules llorones. Otro edificio histórico cercano, la Fantoft Stavkirke, una iglesia de madera que data de 1150, lamentablemente se redujo a cenizas en junio de 1992 durante la ola de incendios provocados y satanismo que barrió el país, pero se ha reconstruido de forma idéntica.

■ TELEFÉRICOS (FLØIBANEN)

Vetrlidsallmenningen 21
☎ +47 55 33 68 00
www.floibanen.com
info@floibanen.no

Los folletos turísticos presumen de dos preciosas vistas de la ciudad: Fløyen y Ulriken. El teleférico de Ulriken está más alejado del centro. El teleférico hasta la colina de Fløyen es, sin duda, el más agradable, ya que sube 320 metros en siete minutos y ofrece unas magníficas vistas del fiordo. Está a tan solo 150 metros del mercado. También puede hacer el recorrido a pie o tomar el sendero perfectamente señalizado que desciende por la ladera de la montaña

a través de la preciosa vegetación. Hay una bonita cafetería y una tienda.

■ HÅKONSHALLEN & ROSENKRANTZTÅRNET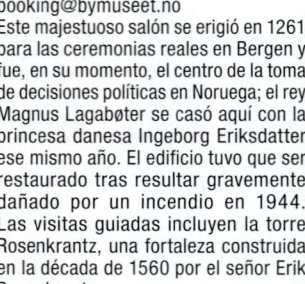

Bergenhus Fortress
☎ +47 55 30 80 30
www.bymuseet.no
booking@bymuseet.no

Este majestuoso salón se erigió en 1261 para las ceremonias reales en Bergen y fue, en su momento, el centro de la toma de decisiones políticas en Noruega; el rey Magnus Lagabøter se casó aquí con la princesa danesa Ingeborg Eriksdatter ese mismo año. El edificio tuvo que ser restaurado tras resultar gravemente dañado por un incendio en 1944. Las visitas guiadas incluyen la torre Rosenkrantz, una fortaleza construida en la década de 1560 por el señor Erik Rosenkrantz.

■ MUSEOS DE ARTE DE BERGEN (KODE)

Rasmus Meyers Allé 3-7
☎ +47 53 00 97 00
kodebergen.no – post@kodebergen.no

KODE es la unión de cuatro museos de arte en el mismo campus que presentan uno de los mejores panoramas del arte nórdico en Escandinavia.

▶ **KODE 1** es el antiguo Museo del Diseño, situado en Nordahl Bruns gate 9. El edificio alberga la mayor colección de esculturas budistas de mármol del norte de Europa. La exposición permanente, *El hombre y los objetos*, cuenta la historia del diseño y las artes aplicadas a lo largo de cinco siglos.

▶ **KODE 2** alberga las exposiciones temporales anuales, así como las colecciones permanentes de arte contemporáneo.

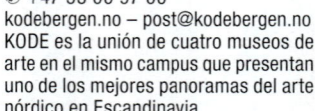

▶ **KODE 3** expone la colección Rasmus Meyer, que incluye varias obras de Edvard Munch, una veintena de grandes óleos, entre ellos *Melancolía, Anochecer en la calle Karl Johan, Celos* y *Las tres etapas de la mujer,* así como obras de los grandes maestros noruegos de los siglos XVIII y XIX. El periodo romántico está bien representado por Johan Christian Dahl con *El Elba bajo la lluvia* y *El monasterio de Lyse.* También vemos a Tidemand y Gude, el primero con *Noticias trágicas* y el segundo con su *Paisaje de alta montaña.* El realismo descarnado de Christian Krogh brilla en *Lucha por la supervivencia,* mientras que la luz mágica de Kitty Kielland queda plasmada en su *Paisaje de Jæren.*

▶ **KODE 4** está dedicado al arte del siglo XX, donde destacan los numerosos bocetos de Harald Solberg de las montañas Rondane. También se pueden ver obras de Klee, Picasso y Miró. Además, cuenta con el KunstLab, un laboratorio de arte para niños.

■ **CASCO ANTIGUO (GAMLE BERGEN)**
Nyhavnsvei 4
✆ +47 47 97 95 76
www.bymuseet.no
post@bymuseet.no

Este museo al aire libre reúne cincuenta casas de madera de un antiguo barrio de Bergen que data del siglo XVII. En la antigua panadería se puede observar la elaboración del *Skillingsboller,* los bollos de Bergen. También está la antigua barbería, el antiguo estudio del fotógrafo, la consulta del sacamuelas... El rico interior burgués podría haber sido el escenario perfecto para la obra de Ibsen *Casa de muñecas.* Un bonito restaurante sirve platos que pueden degustarse en la terraza.

VOSS

Voss es un nudo de carreteras y, al mismo tiempo, una estación de deportes de invierno situada junto a un lago. El 91 % de su superficie montañosa supera los trescientos metros de altitud.

Cataratas de Tvinde, en Voss.

■ CATARATAS DE TVINDE (TVINDEFOSSEN) ⭐⭐

Skulestadmo

A unos 13 km al norte de Voss, a través de la E-16 en dirección a Gudvangen. Las cataratas de Tvinde, de 110 metros de altura, se pueden ver desde la carretera avalanzándose sobre los salientes formados por las rocas. Se dice que bañarse aquí devuelve la fuerza y la vitalidad sexual. Hasta 200 000 visitantes al año, principalmente de EE.UU., Japón y Rusia, vienen a admirar estas cataratas y, por supuesto, a llenar pequeños o grandes recipientes. El pintor danés-noruego Johan Christian Dahl las pintó en 1830.

FLÅM ⭐⭐⭐

Enclavado al final de un estrecho brazo del fiordo, Flåm es un lugar único que merece la pena visitar. Antes de que se construyeran los nuevos túneles bajo la montaña, el único acceso a Flåm era por ferri desde Gudvangen o por la corta, pero vertiginosa, línea de ferrocarril de Myrdal. El trenecito sale de Flåm a nivel del mar para llegar a Myrdal, en lo alto de las montañas, a tan solo 20 km. Primero recorre el pequeño valle, que parece la verde Irlanda, antes de empezar a subir. Aquí, las últimas granjas que vemos antes de la ascensión se utilizan poco más que para el pastoreo de cabras, ya que la pequeña carretera que dobla la vía férrea se cierra con demasiada frecuencia en invierno debido a las avalanchas. Pronto, en las cumbres, aparecen las primeras nieves eternas. El conductor indica qué lado ofrece las mejores vistas e incluso detiene el tren a mitad de camino para que los pasajeros puedan bajar y admirar las cataratas.

■ TREN DE FLÅM

A-Feltvegen 11

☎ +47 57 63 21 00

flaamsbana@visitflam.com

Es uno de los ferrocarriles más espectaculares del mundo y uno de los lugares más populares de Noruega. Inaugurado en 1940, esta línea de veinte kilómetros de longitud es una de las más empinadas del mundo, con un desnivel de 864 metros. A medida que asciende por el estrecho y escarpado valle, verá imponentes cataratas, desfiladeros, ríos y pequeñas granjas. Al llegar a la estación de Myrdal, a 867 metros sobre el nivel del mar, puede continuar su viaje a Oslo o Bergen o alquilar una bicicleta y descender de nuevo al valle.

BALESTRAND ⭐⭐⭐

En la orilla norte del fiordo Sognefjord, este pequeño pueblo es uno de los puntos turísticos más importantes de Noruega. Se trata de un sitio impresionante con muchas casas construidas al estilo *drakstil* («dragón»), un estilo inspirado en la época vikinga que apareció en los países nórdicos a principios del siglo XIX. Pintadas de rojo sangre de buey, estas casas son fácilmente reconocibles por sus terrazas interiores de madera calada y las cabezas de dragón esculpidas en los tejados.

LEIKANGER ⭐

En Leikanger, la antigua fortaleza de un famoso caudillo vikingo, podrá ver el menhir más grande de Noruega. Con ocho metros de altura, está dedicado al dios pagano Balder.

FJÆRLAND

La gente viene desde muy lejos para disfrutar de la belleza del paisaje. Fjærland y sus alrededores cuentan con cinco *stavkirke* (iglesias de madera), dos parques nacionales, el ferrocarril de Flåm e impresionantes rutas de senderismo. La iglesia de Urnes es Patrimonio de la Humanidad.

Fjærland también es conocida por ser el punto de encuentro del fiordo Sognefjord y el mayor glaciar de Europa, el Jostedalsbreen. Se llega fácilmente en autobús.

■ PARQUE NACIONAL DE JOSTEDALSBREEN

Fosnes
Oppstryn
✆ +47 57 68 32 50
https://www.jostedal.com/
jostedal@jostedal.com

Jostedalsbreen, el mayor glaciar de Europa (474 km²), es una enorme meseta glaciar con varias lenguas de hielo. El contraste entre los fértiles valles en forma de abrevadero y los glaciares que descienden casi hasta el mar es, cuando menos, espectacular. Tenga en cuenta que hacer senderismo por el glaciar es difícil e incluso peligroso, así que si quiere intentarlo, lleve un guía. Hay muchos senderos para ver el glaciar de cerca.

SANDANE

El centro de Sandane es relativamente moderno, pero se conservan algunos edificios históricos, como la *Heradshuset med y fireveis klokketårn* («la torre con los cuatro relojes») o el hotel Gloppen, que es uno de los *hoteles históricos* del país.

Situada entre el fiordo y las montañas, Sandane es una ciudad cercana a la naturaleza.

STRYN

Stryn está a unas cinco horas de Oslo en coche. Habitada por unos cuantos miles de habitantes, se trata de una pequeña ciudad rodeada de fiordos. La localidad es famosa, sobre todo, por su estación de esquí, a 30 km del centro, que tiene la particularidad de abrir solo en verano. Stryn es el lugar favorito de los amantes de los deportes de nieve y la naturaleza y ofrece un espectáculo único, sobre todo en verano, cuando el sol nunca se pone.

BRIKSDALSBREEN

En Olden, no se pierda la pequeña carretera secundaria que lleva al glaciar Briksdalsbreen. Está bien señalizada con un cartel.

Rodeando el lago Oldenvatnet, de color verde esmeralda, la carretera se adentra unos veinte kilómetros en un estrecho valle flanqueado por altas montañas en forma de cono. En el extremo más alejado, se elevan de forma gradual unos imponentes picos con el impresionante glaciar Briksdalsbreen, que sobresalen por encima de ellos.

NORDFJORDEID

Nordfjordeid tiene fama de ser un destino turístico muy popular gracias a su posición privilegiada en los fiordos. Aquí nació el matemático Sophus Lie. Aquí también se encuentra el mayor número de granjas de cría del Fjord, el caballo más famoso de Noruega.

Hellesylt.

VISITA

MØRE OG ROMSDAL

Esta provincia, la más al norte de la región, puede enorgullecerse de tener el mejor fiordo del mundo. Bajo ningún concepto debe perderse una excursión al Geirangerfjord, declarado Patrimonio Mundial por la Unesco. La región ofrece muchas posibilidades a los turistas: submarinismo en Runde o pesca en alta mar. También podrá descubrir los encantos de las ciudades de Ålesund, Molde y Kristiansund, tres pequeñas joyas cerca de los fiordos.

HELLESYLT

Hellesylt es, desde hace siglos, un destino turístico. Se trataba de un lugar popular para la aristocracia europea. El propio Ibsen se alojó aquí en 1862. Aquí conoció a muchas de las personas que inmortalizó en sus escritos.
Hellesylt está bajo la amenaza del monte Åkerneset, cuyos desprendimientos desembocan en el fiordo Geirangerfjord.

Un gran desprendimiento de tierra podría desencadenar un tsunami que destruiría todo el pueblo.

ÅLESUND

La ciudad se extiende sobre un archipiélago de tres islas y tiene un aspecto muy bonito debido, paradójicamente, a su destrucción por un incendio en 1904. Guillermo II de Alemania, al que le gustaba pasar aquí sus vacaciones, ordenó que la reconstruyeran completamente en estilo modernista. Es una ciudad única en Noruega.

■ MIRADOR BYRAMPEN ★★★
Monte Aksla
https://www.visitalesund.com
info@visitalesund.com
Se trata de una alta roca que se alza sobre la ciudad. Una escalera de 418 escalones conduce a la cima, pero también se puede llegar en coche por la carretera que rodea la colina.

En la cima hay una cafetería con terraza y un restaurante de verano (Fjellstua) bajo una cúpula de cristal. Ofrece unas vistas fantásticas sobre la ciudad que se extiende sobre el mar con oscuros islotes rocosos mar adentro. Si se gira hacia el interior, descubrirá una hilera de picos cubiertos de hielo. Hay senderos que pueden alargar la visita varias horas.

ÅNDALSNES ⭐

Åndalsnes es una preciosa escala en la ruta de cruceros por los fiordos noruegos. Fue durante la batalla de Romsdalsfjord cuando el rey vikingo Håkon Herdebrei (Håkon Espalda Ancha, 1161-1162) fue asesinado por Erling Skakke, secuaz de Inge Krokrygg. En la actualidad, esta pequeña ciudad industrial situada en el extremo de Romsdalfjord es más conocida por su imponente ubicación al pie de las montañas de Trolltindene, o Cimas de los Troles, y por su centro de escalada.

■ RUTA DE LOS TROLES (TROLLSTIGVEGEN) ⭐⭐⭐
Ruta 63
℅ +47 70 25 77 67
www.fjordnorway.com
info@trollstigen.no

La ruta de los Troles es el itinerario turístico más visitado de Noruega. Esta ruta incluye el famoso tramo conocido como Trollstigen, la Escalera de los Troles, o La Ruta Dorada. El museo de la ruta de los Troles abre de finales de junio al 10 de agosto. Suba por Ørnesvingen, el Recodo del Águila, un saliente desde el que podrá disfrutar de unas últimas vistas maravillosas de Geiranger y el fiordo. Después de 20 km, tome el ferri Eidsdal-Linge. La carretera atraviesa paisajes de alta montaña durante unos 40 km antes de comenzar el descenso de Trollstigen.

Durante cientos de años, un antiguo camino de mulas, que ascendía por los 180 metros de espumosas cascadas del Stigfossen, fue la única vía de comunicación entre los fiordos de los municipios de Sunnmøre y Romsdal. Ahora se ha convertido en una ruta de senderismo para quienes no sufran vértigo. Terminada en 1936, la nueva carretera de Trollstigen serpentea por la ladera de la montaña con once curvas cerradas y una pendiente del 12 %. Esta carretera, que cierra durante el invierno a partir de mediados de septiembre, no es recomendable para caravanas. Antes de iniciar el descenso, hay un refugio de montaña, Trollstigen Fjellstue, con una tienda de recuerdos y una cafetería.

Un sendero detrás del refugio lleva a un impresionante mirador cerca de las simas de los Gigantes. En la carretera, desde la curva llamada Bispesvingen, o la Curva del Obispo, hay unas preciosas vistas de Åndalsnes y el fiordo de Romsdal.

GEIRANGER ⭐⭐⭐

Dominada por el mirador Flydalsjuvet y su plataforma de observación, en una región salpicada de impresionantes parajes naturales de insólita belleza, Geiranger se encuentra en la orilla este del fiordo Geirangerfjord, declarado Patrimonio de la Humanidad por la Unesco. Por ello, la ciudad es muy popular entre los turistas. Si sale de Geiranger desde el norte por la carretera 63 (la ruta de los Troles), no se

© SURANGAW - STOCK.ADOBE.COM

Fiordo de Geiranger.

pierda la plataforma de observación de Ørnesvingen (mirador de la carretera de las Águilas), que se alza sobre las curvas serpenteantes a 620 metros de altitud y a 5 km de la orilla del fiordo.

MOLDE

Un lugar maravilloso y con encanto. 87 picos nevados más allá del gran fiordo de Romsdal y una ciudad adornada con rosales, tilos, fresnos, arces y álamos temblones. Sorprendentemente, frente a estos picos blancos, los jardines y los árboles se olvidan de la latitud.

A finales de julio, el festival de jazz moviliza a la gente durante toda una semana. Molde surgió de la finca Moldegård, donde a Henrik Ibsen le gustaba pasar sus vacaciones. Su obra *Rosmersholm* fue escrita en el salón azul de Moldegård.

▶ **Para más información sobre el festival de jazz:** www.moldejazz.no

KRISTIANSUND ⭐

Kristiansund es otra ciudad construida sobre tres pequeños islotes, formada originalmente por tres pueblos de pescadores de bacalao. Kristiansund empezó a decaer en la década de 1960 y solo las compañías petroleras la sacaron de su aislamiento.

GRIP ⭐

Grip es una isla situada a 14 km de la costa de Kristiansund, una aldea de pescadores que solo está habitada en verano. La iglesia de madera, construida en el 1400, conserva un hermoso tríptico holandés de la Edad Media. Algunos domingos de verano a las 17.30 h y el 29 de agosto, festividad de San Olaf, se celebran unas misas muy bonitas.

En este puesto de avanzadilla metido en el mar, reina una atmósfera muy especial. Una noche de otoño de 1796, durante una fuerte tormenta, el mar arrasó hasta cien casas de la aldea. Visitas guiadas a Grip en verano.

TRØNDELAG

La región de Trøndelag está en el centro del país. Se formó a partir de la fusión de las dos antiguas provincias de Sør-Trøndelag y Nord-Trøndelag. La geografía de la región está marcada por grandes zonas boscosas, valles y cursos de agua como los ríos Orkla, Gaula, Stjørdalsvassdraget y Verdalsvassdraget, que desembocan en el fiordo de Trondheim. La zona oriental, en la frontera sueca, es montañosa. Las excavaciones arqueológicas han revelado que la región ha estado habitada durante miles de años; los primeros indicios datan de la Edad de Hierro. Trøndelag es una región histórica de Noruega; aquí se encuentra la primera capital del país: Trondheim, ciudad del triunfo.

■ PROVINCIA DE TRØNDELAG ■

El Trondheimsfjord atraviesa la provincia de Trøndelag, que antes estaba formada por las provincias de Sør y Nord-Trøndelag. Desde 2018, es una única provincia. Al oeste de Sør-Trøndelag, se encuentra el océano Atlántico y, al este, Suecia. En Trondheim y sus alrededores viven unas 200 000 personas. En esta parte del país se habla el trøndersk, un dialecto que algunos consideran una lengua. El Trondheimsfjord forma el centro del municipio, mientras que, al sur, se extienden las montañas Dovrefjell y Trollheimen.

Nord-Trøndelag fue un importante centro de poder en la época de los vikingos

Paisaje de Oppdal.

(escenario de la famosa batalla de Stiklestad) y está escasamente poblada. La provincia es principalmente una región agrícola, una zona fértil especialmente en los alrededores de Trondheimsfjord, y la principal productora de cereales del país. Aquí se concentra también la mayor parte de la población. Los bosques cubren gran parte de la antigua provincia, convirtiéndola en la segunda zona de mayor explotación de madera del país, después de Hedmark. Atención a los amantes del salmón: aquí se encuentra uno de los ríos de salmones más famosos de Europa, el río Namsen

OPPDAL

Esta ciudad es una de las estaciones de deportes de invierno más famosas del país gracias a su enorme tamaño. Más conocida por su naturaleza virgen, Oppdal es el punto de partida ideal para emprender largas rutas de senderismo por algunas de las zonas más salvajes del país.

BERKÅK

Accesible por la E-6, esta pequeña aldea de apenas unos cientos de habitantes es el centro administrativo de la provincia de Rennebu. Alberga el río Orkla, uno de los mejores ríos salmoneros de Noruega.

RØROS

La pequeña ciudad de Røros, de unos 5600 habitantes, está situada a 615 metros de altitud, en la cabecera del Glomma, el río más largo del país. Fundada en 1644 para explotar sus minas de cobre, que siguieron funcionando hasta 1977, Røros fue uno de los centros industriales más importantes del norte de Europa en su época de esplendor. Hoy, en el casco antiguo de Bergstaden, «la ciudad de la montaña», su antiguo nombre de inspiración alemana, se conserva una colección única de ochenta antiguas casas de madera y la gran iglesia barroca de 1784. De hecho, Noruega, en aquella época reducida a una pobre provincia inculta del Reino de Dinamarca, se vio obligada a traer ingenieros alemanes para supervisar el trabajo en las minas. La ciudad fue declarada Patrimonio de la Humanidad por la Unesco en 1980 por su carácter original y por preservar su entorno urbano.

La ciudad cuenta con interesantes museos, como Olavsgruva (la mina de Olaf) y Smeltehytta (la fundición), numerosas galerías de arte, eventos anuales como la feria agrícola Rørosmartnan, que se celebra desde 1854, en febrero, y carreras de trineos tirados por perros.

A los residentes les encanta salir y Røros tiene más vida que la mayoría de las ciudades del largo valle de Østerdal.

Røros tiene un clima continental. Es uno de los lugares más fríos de Noruega y, sin duda, la ciudad más fría de Trøndelag. Estos fríos inviernos son ideales para esquiar. En verano, los días son agradables, pero las noches siguen siendo muy frescas.

FEMUNDSMARKA

Desde Røros se puede realizar una excursión de 34 km hasta el lago Femund, el tercer lago más grande de Noruega. A su alrededor, los parques nacionales de Femundsmarka y Gutulia son famosos por albergar los rebaños de renos más al sur de Noruega (unas cuatro mil reses).

▶ **Más información:** www. femundsmarka.net

VISITA

ORKANGER ⭐

Se encuentra al suroeste de Trondheim, en la carretera 710. Orkanger, con sus 8100 habitantes, es la segunda ciudad más grande de Sør-Trøndelag, después de Trondheim. Y un importante centro industrial, sede de grandes empresas como Technip Offshore Norway AS, AS Vigor, Washington Mills y la fundición Thamshavn Elkem AS.

TRONDHEIM ⭐⭐⭐⭐

Trondheim es una famosa ciudad universitaria medieval situada en el mayor fiordo de Noruega. Cuenta con algunos monumentos maravillosos y es una de las ciudades más apreciadas cultural y arquitectónicamente del país.

Según los historiadores, Trondheim fue fundada por Olaf Tryggvason en el 997, pero parece que allí ya existía una aldea en aquella época. La ciudad fue capital de Noruega de 1030 a 1217. En 1070 se inició la construcción de la catedral de Nidarosdomen, donde ahora descansa la tumba de san Olaf. La restauración de la catedral, que comenzó hace unos cien años, ha atraído a muchos artistas. Las Jornadas de San Olaf, que se celebran el último fin de semana de julio, ofrecen una amplia gama de eventos, como exposiciones, conciertos y misas solemnes.

◼ CATEDRAL DE NIDAROS (NIDAROSDOMEN) ⭐⭐⭐

Bispegaten 5
✆ +47 73 89 08 00
www.nidarosdomen.no
postmottak.ndr@kirken.no

La catedral de Nidaros conserva el nombre vikingo de la actual Trondheim, inspirado en el río Nidelva. Construida en el siglo XII sobre la tumba de san Olaf, la catedral está enteramente dedicada a él. Olaf se convirtió al cristianismo en Francia y fue proclamado rey a su regreso a Trondheim. En 1024, intentó cristianizar la sociedad antes de huir por la presión del pueblo. A su regreso,

© TRABANTOS - SHUTTERSTOCK.COM

Trondheim. Palacio Arzobispal y, de fondo, la catedral.

murió durante la batalla de Stiklestad y fue enterrado allí mismo, bajo un montón de arena. Según la leyenda, las personas que pisaban la tumba se curaban de sus enfermedades. Un año y cinco días después, se decidió abrir su tumba y encontraron su cuerpo intacto y vieron que le habían crecido el pelo y las uñas. Se decidió entonces edificar a su alrededor los inicios del actual monumento. La catedral está construida en «piedra de jabón» con un estilo donde domina el gótico, pero cuyas partes más antiguas son de inspiración románica. Las vidrieras son magníficas y solo datan del siglo XX. Con su fachada ricamente esculpida y sus espléndidas vidrieras, recuerda a Notre-Dame de París. El último rey coronado en la catedral fue Harald V, en 1991.

El interior de la catedral es, sin embargo, más sobrio que el exterior, por lo que si no se opta por una visita guiada didáctica y amena, puede resultar más interesante entrar a ver un concierto. Ahora es una iglesia protestante, pero la catedral sigue siendo un lugar de peregrinación y un símbolo cultural del país. Se trata del principal templo cristiano de Noruega.

■ PALACIO ARZOBISPAL (ERKEBISPEGÅRDEN)

Erkebispegården; ✆ +47 73 53 91 60
www.nidarosdomen.no
postmottak.ndr@kirken.no
El palacio arzobispal, símbolo de la ciudad, se encuentra justo detrás de la catedral. Fue la residencia de los pontífices hasta la Reforma, cuando Noruega se convirtió en luterana. A partir de 1556 y durante unos cien años, el palacio albergó a los suzeranos daneses antes de ser tomado por el ejército. Al final de la calle Bispegata, que pasa por delante de la catedral, se encuentra Gamle Bybro, el antiguo puente levadizo con sus pórticos adornados y pintados de rojo.

ISLAS HITRA Y FRØYA

▶ **Hitra** es la isla más grande al sur del Círculo Polar y forma parte de la región Fosen, un distrito de bosques, valles, lagos, acantilados y montañas. **Hitra** es famosa por su pesca marítima. Los paisajes de este archipiélago compuesto por 2500 islas e islotes son muy variados: montañas, colinas cubiertas de bosques, cerca de 800 pequeños lagos repletos de peces, arrecifes pulidos gracias a la acción de las olas y calas bien protegidas. Filan es el centro administrativo del municipio.

▶ **Al norte de Hitra, Frøya,** que significa «la isla principal», se asoma al mar. La isla posee unos 4000 islotes y arrecifes. La economía local depende del comercio de productos del mar. En los alrededores de la isla, se encuentra *Sularevet*, uno de los mayores yacimientos de arrecifes de coral de agua fría del mundo.

STIKLESTAD ⭐⭐

A unos 90 km al norte de Trondheim, por la E-6. La famosa batalla de Stiklestad es histórica, ya que marcó una etapa importante en la conversión de la Noruega vikinga pagana al cristianismo. Hoy, una iglesia, un museo y un teatro al aire libre coexisten pacíficamente en estos antiguos campos de batalla.
Olaf Haraldsson, el santo, nació en el 995 y partió de joven en una incursión vikinga para luego convertirse al cristianismo: fue bautizado en Ruan en 1014. Elegido rey de Noruega en Trondheim en 1015, se enfrentó a la creciente oposición de los Bønder (grandes agricultores) de la región, pero se vio obligado a huir del país en 1028 hacia Gardarrike, Rusia. Mientras intentaba reconquistar el país, el rey Olaf fue asesinado por el abrumador ejército pagano en la famosa batalla de Stiklestad el 29 de junio de 1030. Fue Tore Hund (Tore el Perro) quien tuvo el desafortunado privilegio de levantar la cota de malla del rey para asestarle el golpe mortal con la espada. Olaf fue canonizado más tarde por la Iglesia católica en Roma y sigue siendo el santo más importante de la Iglesia noruega.

■ FUERTE D'AUSTRÅTT

Austrått – Ørland
✆ +47 72 51 55 10
postmottak@orland.kommune.no
A 2,5 horas al oeste de Stiklestad por la E-6 y luego la 755.

Austrått existe desde el Renacimiento. Parte de su historia se relata en la obra de Ibsen *La señora Inger de Ostraat*, que retrata con fuerza a la dueña del castillo en el siglo XVI, Inger d'Austrått. En el siglo XVII, el gobernador danés Ove Bjelke mandó demoler el edificio medieval y lo sustituyó por el castillo actual, que data de 1656. Austrått se convirtió entonces en una fortaleza defensiva, cuyo armamento se iba modernizando por épocas. Cerró en 1968, pero fue renovado en 1990 y abierto a los visitantes. Cuenta con cafetería y rutas de senderismo.

GRONG ⭐

Grong se encuentra en la parte central de Namdalen, junto a los ríos Namsen y Sanddøla. Grong tiene tres grandes cascadas: Fiskumfoss, Formofossen y Tømmeråsfossen. Fiskumfoss es especialmente importante porque alimenta una central hidroeléctrica. La ciudad también ha construido una escalera para salmones que ayuda a los peces a superar las cascadas.

NAMSSKOGAN ⭐⭐

En Namsskogan comienzan los grandes bosques salvajes de pinos y abetos. La región está repleta de alces, gamos y ciervos, así como de renos salvajes, visones, lagópodos y perdices nivales. También podemos observar algunos castores y osos pardos protegidos. El animal más raro es el lince, que es el que menos tolera la proximidad humana.

■ **NAMSSKOGAN FAMILIE PARK (PARQUE NATURAL)** ⭐⭐
Trones; ✆ +47 74 33 37 00
www.familieparken.no
Es un parque de fauna salvaje con especies nórdicas, como alces, a los que se les puede acariciar mientras comen. También hay osos pardos, martas, turones, ovejas cuya raza se remonta a la Edad de Piedra y zorros rojos de cola blanca. También hay un pequeño lago con un enorme trol (gigante de las montañas), donde los niños pueden salir en barca a pescar peces de verdad. Además, se puede montar a caballo.

VISITA

Cascada de Grong.

© JAN_KUCHAR_PHOTO – SHUTTERSTOCK.COM

NORD-NORGE

He aquí una región de islas y fiordos, páramos árticos, desérticos y de tierras fértiles: la provincia de Troms. Valles de densos bosques de coníferas se extienden hacia las inaccesibles montañas negras. Atravesar los largos e interminables valles de Bardu recuerda a Østerdal, en el sur de Noruega, de donde procede parte de la población rural del país. En Målselv, espumosas cascadas, enmarcadas por escaleras para salmones, salpican sus tonos blancos contra los oscuros pinares. Es imprescindible desviarse mar adentro para visitar Tromsø.

Esta «capital del Ártico» tiene más discotecas per cápita que cualquier otra ciudad noruega.

Más al norte, los Alpes de Lyngen, con sus nieves eternas, se reflejan en el espejo azul del fiordo. En estos paisajes, tan variados como el clima, las morrenas grises dan paso a verdes laderas. No es raro encontrar nieve en la cima de estos pasos, mientras que las pequeñas playas en el recodo de los fiordos parecen invitarle a darse un baño. Más adelante, estas serán sustituidas por montañas, el Kvænangen y el Kåfjord, que cargan con un siniestro pasado: Hitler escondió allí a la élite de su flota con la esperanza de aniquilar a los aliados.

En Alta, estas mesetas árticas son asoladas por un inmenso cañón cavado por uno de los mejores ríos salmoneros del mundo. Más al norte, tras infinidad de inmensas mesetas, solo queda una ciudad, Hammerfest, ante el cabo Norte, el extremo de Europa frente al océano Ártico y el Polo Norte. A continuación, viene el municipio de Finnmark, tierra de los grandes rebaños de renos que recorren las inmensas mesetas desérticas.

Es la región menos poblada de Europa: con el 15 % de la superficie de Noruega, solo vive allí el 2 % de su población.

NORDLAND

La región de Nordland se extiende hasta convertirse en una delgadísima franja costera de montañas salvajes talladas por profundos fiordos. Es la parte más estrecha de Noruega: en un punto solo hay 6,3 km desde el final del fiordo hasta la frontera sueca. En cambio, la región se extiende a lo largo de casi seiscientos km. A medida que uno se acerca al Círculo Polar Ártico, el sol en el extremo norte deja de ponerse (o de salir, según la estación).

Desciende solo para rozar el horizonte en un magnífico resplandor antes de partir de nuevo inmediatamente hacia el cielo, y este largo viaje estival dura casi tres meses en el cabo Norte.

La mágica luz de las noches despejadas, que sustituye a las auroras boreales del invierno, pondrá su vida patas arriba y hará que no quiera volver a dormir. La grandiosa naturaleza de Nordland también influyó en la obra de Knut Hamsun.

Mar de Noruega

Bø
Stokmarknes
NARVIK ★★

Laukvika
Hierenjárgga - Korsnes

AUSTVÅGØYA SVOLVÆR
KABELVÅG ★★★ TRANØY ★
Vestvågøya BORG HAMSUND
SKROVA Oppeid
LEKNES ★ MYRLAND HENNINGSVÆR ★★
VIKTEN ★★ STAMSUND ★
FREDVANG RAMBERG Engeløya Skranstad
NUSFJORD ★★ Vuodnabahta - Hellmobotn

FLAKSTADØYA

REINE ★★★ Myklebostad
Sørvågen MOSKENES ★★

Akkajaure

VÆRØYA Kjerringøy - Áhpenjárgga

RAGO ★★
Stáloluokta

RØST ★★★
RØST

BODØ ★★

Inndyr
Trones Innlandet

NORDLAND

Grønfjorden SALTFJELLET-
SVARTISEN ★★

NORDLAND

Myken Tjongsfjord
Krokstranda

Tonnes

Træna MO I RANA ★★

Nesna
Korgen
Umfors

Silvalen
Mosjøen - Mussere MOSJØEN ★
Tjøtta

SUECIA

50 KM

Aarborte - Hattfjelldal

Gladstad

Dikanäs

BRØNNØYSUND ★★

Vojmsjön

Leyenda

- ■ Ciudad principal
- ● Otra localidad
- ✈ Aeropuerto
- Carretera principal
- Carretera regional
- Carretera secundaria
- Ruta marítima
- Límite regional
- Frontera internacional
- Espacio natural

NORDISHAVET

Rolvsøy
Revesbó
Sørøya
Kvaløy
Hammerfest
Sørvær
Breikikbotn
Rypefjord
Hasvik
Kvalsur
Seilandjøkelen
Loppa
Hurtigruten
Komagfjo
Øksfjord
Storvik
Nyv
E6
Langfjord
ALTA
Årviksand
Kvænangen
Nordkvaløy
Vanna
Arnøy
Vannavalen
Rebbenesøy
Skervøy
Mikkelvik
Hurtigruten
Burfjord
Ringvassøy
Hansnes
Nord-Lenangen
Sørkjosen
Storslett
Kvænangsbotn
Oldervik
Djupvik
Eidkjosen
Lyngen
Sommarøy
Kvaløy
TROMSØ
Olderdalen
Hillesøy
Lyngseidet
E6
Mefjordvær
Fagerness
Bilto
Skaland
Mefjordbotn
Furuflaten
Skibotn
E10
Gibbstad
Malsnes
Oteren
TROMS
Senja
Storsteinnes
Finnsnes
Reisaelva
Vangsvik
Moen
Nordkjosbotn
Brøtadbotn
Bardufoss
Heia
Andselv
Masi
Mikkelbostad
Malselva
Øverbygd
Kautokeino
Sjøvegen
Setermoen
E10 **E6**
Lavangen
Frihetsli
Fossbaken
Gratangen
Innset
Parque Nacional
Øvre Dividalen
E8
Bjerkvik
NARVIK
Riksgränsen
Tornetäsk
Kautokeinoelva
Beisfjord
Parque Nacional
Abisko
SUECIA
E10
Altafjorden
Ullsfjorden

LAPONIA NORUEGA

Cap Nord
Skarsvåg
Gjesvær
Honningsvåg
E69
Kåfjord
Repvåg
angerhalvøya
Veidnesklubben
senes
kaidi
Børselv
Lakselv
E6

Gamvik
Mehamn
Kjøllefjord
Berlevåg
Store Molvik
Kongsfjord
Batsfjord
Syltefjord
Hammingberg
Varangerhalvøya
Vardø
Kiberg
Lebesby
Leirpollskogen
Ifjord
Vestertana
Rustefjelbma
E75
Vestre
Jakobselv
Vadsø
Varangerbotn
Tana
Nesseby
Skipagurra
Varangerfjorden
Polmak
Hurtigruten
Grense
Jakobselv

FINNMARK

Sirma
Levajok
E6
Neiden
E6
Kirkenes
Valjok
Bjørnevath
Parque Nacional
Kevo
Svanvik
Karasjok
Nyrud
E75
Inarijärvi
Inari
Parque Nacional
Øvre Anarjokka
Ivalo
Parque Nacional
Lemmenjoki

FINLANDIA

Parque Nacional
Urho Kekkosen Kansallispuisto
Porttipahden
tekojärvi
Lokan
tekojärvi
Parque Nacional
nas-Pallastunturi

Nordkinnhalvøya
Laksefjorden
Tanafjorden
Porsangen
Børselva
Karasjåkka

Aquí se encuentra el segundo glaciar más grande de Noruega, el Svartisen («hielo negro»). Tierra de contrastes, en Nordland se localiza también el extraordinario archipiélago de Lofoten, lo que sería el Caribe del extremo norte, pero sin el calor, bañado por la corriente del Golfo que viene directamente del Golfo de México. El turismo ártico atrae cada vez a más visitantes cansados de vadear el turismo de masas del sur.

BRØNNØYSUND

Brønnøysund es un encantador pueblo pesquero de 5000 habitantes, situado en una península frente a Torghatten. Aunque tiene un pequeño aeropuerto con vuelos desde Oslo, Trondheim y Bodø y una escala del Expreso de la Costa, no recibe mucho tráfico de gente. Su topografía resume bien el país.

Es como una Noruega en miniatura que tiene como particularidad el Centro de Registro de Brønnøysund: una estructura del Ministerio de Justicia donde se recopila, registra y analiza una ingente cantidad de datos económicos y comerciales nacionales para mejorar la seguridad y eficacia de la política. Pero la ciudad también guarda una sorpresa natural: Torghatten, una montaña y un icono paisajístico para los noruegos debido al enorme agujero que tiene en el centro, de 160 metros de largo, 35 metros de alto y un fondo de 15-20 metros, creado por miles de años de erosión. Y eso da lugar a historias maravillosas.

MOSJØEN

Esta ciudad de 10 000 habitantes, situada en una laguna de arena al final del fiordo de Vefsna, vive de su fábrica de aluminio y no hay mucho que hacer en ella. La calle Sjøgata, que conserva sus antiguas casas de madera, y el monumento conmemorativo de la guerra son los dos puntos de interés de Mosjøen.

MO I RANA

Este antiguo puesto comercial está situado en el extremo del fiordo de Rana. La familia Meyer compró el lugar en 1860 como puesto comercial. A finales del siglo XIX, con la explotación de las minas de hierro del valle de Dunderdalen y el desarrollo del ferrocarril, la ciudad creció rápidamente y hoy cuenta con 25 000 habitantes. Mo i Rana es la tercera mayor población del norte de Noruega y, como heredera de la industria del hierro, es un centro de comercio y servicios. De hecho, la Norwegian Iron Company está dividida en cientos de pequeñas empresas, lo que la convierte en la ciudad más dinámica de Noruega en el campo tecnológico.

SALTFJELLET-SVARTISEN

Este parque nacional se encuentra en el municipio de Rana. Con 370 km², es el mayor glaciar del norte de Escandinavia.

BODØ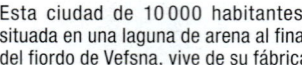

Bodø, un puerto en el mar de Noruega, tiene 45 000 habitantes y es la terminal de los ferrocarriles noruegos y la capital de la provincia de Nordland. La ciudad fue completamente reconstruida tras el bombardeo alemán de 1940, al igual que casi todas las ciudades del norte de Noruega.

MO I RANA FRIHAWN

Siklergata
Koksverksgata
Vikaasen
Vikaveien
toraneskaia
Vikaasen
Vikaveien
Vikaveien
Brannklokkeveien
Moloveien
Toranesgata
Toraneshogda
Toranesgata
Svartsgata
Escuela
Johan Nygaardsvolds gate
Myraveien
Nilsens vei
Nordiandsveien
Biskop Bangs gate
Nordmoheid gate
Ramnheimgata
Ole Tobias Olsens gate
Strandgata
Lars Meyers gate
Torggata
Bekkegata
TAVIKPARKEN
Øvre Idrettsvei
Myraveien
Escuela
Helgeland Museum
Moholmen
Moholmen
Kaialuundveien
Escuela
Pisicina-polideportivo
Nedre Idrettsvei
Policía
Librería
Ayuntamiento
Skolegate
Skytterveien
Estación de autobuses
Nansens gate
Jembanegata
Grøgs
Teatro-Cine
Iglesia
Hellerviks Gate
Escuela
Estación de ferrocarril
Kirkegata
Kirkegata
Elias Blix's
E-6
Taxi
Ole Tobias Olsens
Søndre gate
Sørlandsvegen
Amundsens gate
Mobekkgata
Kongsveien
Mobekkleira
Punto de información
Marcus T Hane Gate
Westers
Westers
Mobekkhua
Verksfidsveien
Gruvegata
E-6
Nedre Fageråsen
Privat Vei

MO I RANA

🏛	*Museo*
⬥	*Punto de información*
✚	*Centro médico*

0   300 m

N

El flujo de turistas que pasan por aquí de camino al archipiélago de Lofoten y al extremo norte no se detiene, y eso puede ser una ventaja. La ciudad es pequeña y no ofrece muchos atractivos, lo que significa que se puede vivir y experimentar la vida cotidiana de los noruegos del norte, concentrándose en el paisaje y los paseos.

La montaña de Rønvikfjell, a 3 km del centro de la ciudad, es un buen mirador para contemplar el sol de medianoche, que brilla aquí ininterrumpidamente del 2 de junio al 10 de julio. Al norte, un magnífico paisaje se extiende sobre las islas de Landego y Hamarøy, donde Knut Hamsun pasó su infancia; mar adentro, a lo lejos, se divisa la muralla de Lofotveggen y, al sur, las legendarias montañas Sulitjelma y el glaciar Svartisen, que acabamos de dejar atrás. La localidad no ofrece mucho entretenimiento, pero es mundialmente famosa por tener la corriente más fuerte del mundo (el *saltstraumen,* al sur de la ciudad), y por ser un lugar excelente para pasear, hacer senderismo y escalar (sea cual sea la estación). En Bodø también se puede disfrutar del sol de medianoche sobre las islas Lofoten. Por último, esta localidad del norte cuenta con la población de águilas marinas más densa de Europa.

KJÆRRINGØY

A Kjærringøy, una pequeña isla cercana a Bodø, se llega por la carretera 834, en dirección contraria a Fauske. Se puede pasar la noche en la isla en una casa de huéspedes o en un camping.

■ ISLA Y MUSEO DE KJÆRRINGØY

Kjærringøy
https://www.kjerringoy.com/
kjerringoybrygge@gmail.com
Situada a unos cuarenta kilómetros al norte de Bodø, esta pequeña y encantadora península montañosa alberga

Isla de Kjærringøy.

una aldea de pescadores, un antiguo puesto comercial ahora transformado en museo al aire libre. Fue el último puerto de pescadores estacionales antes del archipiélago de las Lofoten, en la época de *Los trabajadores del mar,* de Víctor Hugo. A finales del siglo pasado, cientos de pequeñas embarcaciones se reunían aquí a la espera de vientos favorables que les permitieran cruzar las peligrosas aguas del Vestfjord. La figura local más famosa fue Erasmus Zahl, propietario de toda la aldea y primera persona que ayudó a Knut Hamsun (Premio Nobel de Literatura en 1920) en sus difíciles primeros años.

La casa de Sirilund es la misma que se describe en su novela *Pan*. Tanto la versión televisiva (*Benoni y Rosa)* como las cuatro películas basadas en su obra se rodaron en la isla. Desde entonces, muchos rodajes han tenido lugar aquí, entre ellos el de la película *Dina*, protagonizada por Gérard Depardieu. El lugar goza de una magnífica luz, lo que le da una buena exposición a las películas rodadas en la isla. Con un poco de humor y mucha determinación, los isleños se describen a sí mismos como habitantes del Hollywood de Noruega. También hay una cafetería y una tienda de recuerdos en el nuevo establo (Nyfjøsen). Recomendamos la visita para conocer de cerca el ambiente de la Noruega más profunda y disfrutar de las vistas.

HAMSUND

Hamsund forma parte del municipio de Hamarøy, en la provincia de Nordland. Es famoso por ser el lugar donde el célebre escritor noruego Knut Hamsun pasó los primeros años de su vida.

■ **HAMSUN SENTERET**
Vestfjordveien 1464. Hamarøy
✆ +47 75 50 34 50
http://hamsunsenteret.no

En Hamsund se puede ver la pequeña granja con tejado de turba donde pasó su infancia el futuro gran escritor. En el álbum de fotos familiar se puede seguir la vida de Knut Hamsun desde la cuna hasta la tumba. Se exponen todas sus obras y numerosos objetos personales. En el granero hay una exposición de imágenes tomadas de las películas inspiradas en sus libros.

Una visita obligada es el Museo Hamsun, un impresionante edificio de arquitectura moderna situado en plena naturaleza y repleto de contenido. También hay una pequeña cafetería.

RAGO

Con una superficie de 171 km², el parque se creó en 1971. Es el más inaccesible de los parques nacionales y una masa irregular de crestas dentadas, fallas profundas y peñascos erráticos con ríos que se convierten en cascadas o en rápidos sobre la roca desnuda. Adyacente a los parques nacionales suecos de Padjelanta, Sarek y Stora Sjöfallet, situados al otro lado de la frontera, Rago forma parte de una inmensa zona protegida de 5700 km². El acceso es difícil. Hay dos cabañas, pero mal acondicionadas.

NARVIK

Situada en un lugar excepcional, en un promontorio entre dos fiordos, Narvik (18 400 habitantes) es una antigua ciudad minera con los recuerdos de la guerra aún frescos. Suecia exporta su mineral desde Kiruna a través de su puerto libre de hielo.

La línea de ferrocarril que lleva hasta el mar fue construida en 1902 por expertos en excavaciones, trabajadores temporales conocidos como *rallare*, la mayoría suecos. Durante la Segunda Guerra Mundial, Narvik se convirtió en un objetivo muy importante, ya que los alemanes necesitaban hierro para sus fábricas. En cuanto estallaron las hostilidades, ocuparon la ciudad, que fue reconquistada por las fuerzas aliadas tras encarnizados combates, incluida la famosa batalla de Narvik, que prácticamente la borraron del mapa.

En la actualidad, Narvik es la única ciudad de la provincia de Nordland, junto con Bodø. Narvik es el segundo puerto más importante de Noruega debido a su tonelaje. Dos trenes de pasajeros circulan diariamente a Estocolmo y Gotemburgo pasando por Kiruna, la única forma de llegar a esta ciudad,

que no está conectada a la red ferroviaria noruega. Todos los años en marzo, Narvik homenajea a los *rallare* en un festival que corona a su reina del año, Svarta Bjørn (Oso Negro).

■ **TREN OFOT (OFOTBANEN)**
Stasjonsvn 1
℗ +47 76 92 32 50
booking@arctictrain.com
El ferrocarril se construyó en 1902, a pesar de la ira de la madre naturaleza, con el único objetivo de transportar mineral y, a veces, algunos pasajeros, que ahora son los turistas. En Kiruna se puede visitar la mina y descubrir su origen, funcionamiento e importancia. Es tan productiva que es la responsable del traslado de toda la ciudad de Kiruna.

▶ **Recorrido:** Narvik – Riskgränsen (Suecia) – Kiruna – Luleå. A partir de la frontera, la línea se conecta a la red sueca y toma el nombre de Malmbanan.

ISLAS LOFOTEN

Oficialmente, las islas Lofoten no forman parte de Laponia, pero sería una pena no hacer una parada allí de unos días como introducción o conclusión de unas vacaciones.

Las islas Lofoten son un archipiélago de preciosos paisajes, desde fiordos hasta fértiles llanuras, y figuran, sin duda, entre las más bonitas del mundo. Aunque cada vez hay más turismo, la sensación de estar solo en medio de la nada se despierta rápidamente ante la inmensidad del paisaje. Cruzar de un tirón las tres islas que componen el archipiélago de Lofoten es bastante rápido, pero tómese el tiempo necesario para detenerse y admirar la diversidad del

paisaje: desde montañas a acantilados pasando por playas y fértiles llanuras.

Las islas principales son Austvågøy, Gimsøy, Vestvågøy, Flakstadøy, Moskenesøy, Værøy y Røst. La parte sur de la isla más grande de Noruega, Hinnøy, también se encuentra en las Lofoten. La superficie total de este grupo de islas es de 1227 km², con una población de unos 24 500 habitantes. Por carretera, la distancia desde Fiskebøl, en el norte, hasta Å, en el extremo sur, es de tan solo 170 km. Las carreteras se han beneficiado del auge petrolífero y están magníficamente trazadas con numerosos puentes, a menudo muy bonitos. Pero, ojo, hay tantas curvas como en las montañas y se tarda un día en cubrir bien la distancia entre los puntos más remotos del archipiélago.

La diversidad de las islas Lofoten y el esplendor de su entorno natural permiten disfrutar de actividades durante todo el año. En invierno, está la famosa pesca de Lofoten.

El descubrimiento de petróleo frente a las costas de Lofoten en los últimos años ha causado revuelo entre las empresas de todo el mundo, que ya planeaban amasar oro negro en este idílico lugar. Pero no contaban con el Gobierno noruego que, en marzo de 2011, prohibió toda actividad petrolífera frente a las islas Lofoten hasta nuevo aviso. El Gobierno de centro-izquierda ha evitado así una posible crisis ecológica al convertir las islas en un santuario.

RØST

El archipiélago de Røst ha inspirado a muchos artistas. Situado en el extremo sur de Lofoten, cuenta con 365 islas e islotes. Røstlandet, la isla principal, donde se concentran la población y los servicios, se eleva solo once metros sobre el nivel del mar. Røst es un santuario de aves. Aquí se han registrado casi cinco millones de ejemplares. Las aves anidan en los huecos de los acantilados al sur de Røstland y parecen sombreros sobre el mar. Otra de las curiosidades de la isla es el perro Mostad, una raza muy rara con seis garras en cada pata. Antiguamente, se utilizaba para cazar frailecillos, conocidos como loros marinos por su pico multicolor. La caza de águilas marinas en mano, practicada desde la Edad Media, está ahora prohibida. La iglesia de Røst fue arrasada por una tormenta en 1835. En el extremo más alejado, el faro de Skomvær, el más expuesto de Noruega, vigila las islas Lofoten.

VISITA

© EYESTRAVELLING/SHUTTERSTOCK.COM

Røst.

VÆRØYA ⭐⭐

El trayecto entre Moskenes y Værøy le llevará a través de una de las corrientes oceánicas más feroces: la famosa vorágine que inspiró a Julio Verne en *Veinte mil leguas de viaje submarino* y a Edgar Allan Poe en su cuento *Un descenso en la vorágine*. Værøy tiene una playa de arena blanca protegida por montañas de extraña belleza. Las lisas paredes rocosas se elevan hasta una altura de cuatrocientos metros, por lo que es imposible llegar a ella si no es por mar. Værøy, una de las últimas islas Lofoten, es un auténtico santuario de aves. La captura de águilas es una de las tradiciones del lugar.

MOSKENESØYA

Los glaciares y otras fuerzas naturales han configurado la isla de Moskenes, formada por escarpadas montañas y estrechas playas. Es uno de los paisajes más salvajes e impresionantes de Noruega.

Los asentamientos, que tradicionalmente han optado por el mar abierto, se encuentran en el lado oriental de la isla, donde hay pequeños puertos pesqueros. La cima de Hermannsdalstind, a 1029 metros sobre el nivel del mar, es la montaña más alta del este de las Lofoten. Aquí hay muchos lagos llenos de peces y varios pueblos con mucha vida, como Sorvagen, Å y Reine, el centro administrativo.

MOSKENES ⭐⭐

El municipio de Moskenes (117 km²), con 1073 habitantes, se extiende por la parte más al sur de la isla de Moskenesøy.

© MAY_LANA – SHUTTERSTOCK.COM

El pequeño pueblo pesquero de Moskenes.

REINE

A unos 10 km al norte, se encuentra Reine, una aldea de trescientos habitantes galardonada gracias a su ubicación como «el paisaje más bonito de Noruega». Y es verdad: los parajes de los alrededores son espectaculares. Las montañas han sido esculpidas y modeladas por los glaciares de la era terciaria como en ningún otro lugar. En peores condiciones que los de Å, los *rorbuer* (cabañas) de Reine suben con sus pilotes por las rocas del puerto. Otras aldeas aisladas de la zona solo cuentan con el ferri de Reine para conectarse con el resto de la región. En temporada alta, se celebran conciertos de música clásica en la pequeña iglesia de la localidad.

FLAKSTADØYA

La isla de Flakstadøya se encuentra al norte de Moskenesøya. Incluye las localidades de Ramberg y Vikten.

VISITA

NUSFJORD

Esta pequeña aldea está rodeada de magníficos paisajes. Unos pocos *rorbuer* se agrupan alrededor del puerto en forma de herradura, que está formado por un estrecho brazo de mar entre altas montañas. Hay una gran piscifactoría de salmón en el fiordo de enfrente.

VIKTEN

Al oeste de la E-10. Esta costa orientada al noroeste ofrece las mejores vistas del sol de medianoche. Menos protegida que la costa interior, está mucho más accidentada y a menudo se ve azotada por terribles tormentas.

RAMBERG

Se encuentra al norte de la isla de Flakstadoy y la única carretera que sigue la costa se aferra a la ladera de la montaña.

Tras deslizarse de isla en isla por esbeltos puentes, llegará a Ramberg, un pequeño pueblo que ofrece preciosas vistas de esta costa con una belleza salvaje. Una larga playa de arena blanca espera a los visitantes.

VESTVÅGØYA

La isla de Vestvågøya se encuentra al norte de Flakstadøya. Es la isla con más densidad de población de Lofoten. Incluye las ciudades de Stamsund y Leknes.

LEKNES

Leknes se halla al sur de Vestvågøya. La ciudad cuenta con un aeropuerto regional. Puede que no sea nada del otro mundo, pero los paisajes no están mal. Una vez más, la E-10 rodea algunas bahías y acantilados muy bonitos, que seguramente le tentarán a detenerse para hacer una foto, sobre todo cerca del pueblo de Napp. Al norte de Leknes, se encuentra una de las playas más bonitas del archipiélago: Hauklandstranda.

STAMSUND

Con sus 1400 habitantes, Stamsund es el mayor pueblo pesquero del archipiélago de Lofoten. El Hurtigruten hace escala en este puerto. Símbolo del desarrollo de Lofoten, Stamsund cuenta con una rica vida cultural: el pueblo cuenta con tres teatros permanentes y la Escuela de Arte de Lofoten. Todos los años se celebra un festival de teatro. Las montañas están equipadas con senderos señalizados de distintos niveles de dificultad. Las aguas que rodean Stamsund son ricas en peces y mucha gente aprovecha las vacaciones para pescar y pasear en barca. Lofoten Snowboard & Alpin Senter tiene en Stamsund un moderno centro de esquí con iluminación y cañones de nieve. El desnivel es de 1700 metros. Las pistas de descenso están rodeadas por las de esquí de fondo, bien cuidadas.

AUSTVÅGØYA

Situada al norte de Vestvågøya, la isla de Austvågøya incluye la localidad de Svolvær.

HENNINGSVÆR

Construido sobre un grupo de islotes, Henningsvær es un pueblo conocido, entre otras cosas, por su estadio de fútbol a orillas del mar. Una carretera de 7 km recorre una costa rodeada de acantilados antes de llegar a los dos puentes que unen el pueblo con tierra firme. Tanto en verano como en invierno, el ambiente es cálido y acogedor y el puerto del pueblo es siempre el centro de la animación. Llenas de encanto y con un aire bohemio, las callejuelas de Henningsvær son muy populares de mayo a agosto. Cafeterías, restaurantes y tiendas animan la vida diaria y, en muchas ocasiones, el pueblo se llena de música para deleite de vecinos y turistas.

SVOLVÆR

Svolvær es la principal ciudad de las Lofoten y se encuentra a los pies de una curiosa montaña llamada la Cabra (su cima se asemeja a dos cuernos de cabra). Muchas fotos se hacen desde allí arriba y encontrará multitud de postales adornadas con este símbolo. Situada en la última isla antes del archipiélago de Vesterålen, el pueblecito de Svolvær se ha convertido recientemente en un popular destino turístico. Se ha trabajado para desarrollar y mejorar todas las instalaciones, lo que refleja el cambio de la economía de las Lofoten de la pesca al turismo. Es cierto que Svolvær no es el pueblo más bonito del archipiélago, pero es dinámico y se beneficia de la cómoda llegada de los grandes ferris y trenes a un muelle que se encuentra casi en el centro de la ciudad y muy cerca del aeropuerto, lo que la convierte en un centro neurálgico. Además, los alrededores son magníficos y las montañas ideales para la escalada. Svolvær es también el punto de partida de excursiones al famoso Trollfjord, con sus escarpadas paredes. Todos los días de verano, los cruceros se desvían para mostrar a los pasajeros este extraño espectáculo. No pueden hacer sonar sus sirenas sin arriesgarse a provocar desprendimientos de rocas.

ANDØYA

La isla de Andøya se encuentra al norte de Austvågøya. En ella se localiza una de las ciudades más importantes de las Lofoten, Andenes.

ANDENES

En Andenes el horizonte está despejado sobre el mar y no hay montañas que se interpongan entre usted y el sol de medianoche, que brilla aquí del 16 de mayo al 26 de junio. Pero la principal razón por la que la gente viene aquí es para ver las ballenas.

Pocos lugares en el mundo pueden prometer tanto, ya que cuenta con una ubicación única. Las ballenas se alimentan en las riquísimas aguas situadas a una hora del puerto de Andenes. Es una auténtica cuenca con un embalse único. En el siglo XVII, época de recesión en las islas Lofoten, Andenes sobrevivió gracias al capital de los balleneros holandeses que operaban desde el pueblo.

Aquí también pueden verse orcas, rorcuales aliblancos y delfines. Frente a Andenes, la plataforma continental desciende bruscamente hasta los dos mil metros de profundidad. Las corrientes oceánicas que golpean la pared traen plancton que alimenta a los peces y pulpos, que a su vez alimentan a los cetáceos.

Andenes es el único lugar de Noruega donde se pueden ver ballenas tan cerca de la costa.

VISITA

TROMS

Troms es, por definición, la región del sol de medianoche, pero en invierno registra el mayor número de auroras boreales del mundo. Tromsø, la capital de la región, es el lugar ideal para admirar este impresionante fenómeno.

Troms también es famosa por su escarpada costa, sus fiordos y sus islas llenas de sorpresas. Limita con Finnmark y Nordland y comparte frontera con el municipio sueco de Norrbotten. La vida en esta hermosa región es dura y el Gobierno tiene que ofrecer incentivos, desgravaciones fiscales, ofertas de trabajo, descuentos en alquileres..., para que los noruegos se trasladen, vivan o se queden allí. Pero Troms es también un crisol de culturas, una región donde siempre han convivido samis y noruegos.

© AMARITPHOTOGRAPHY – ISTOCKPHOTO.COM

Tromsø.

TROMSØ ★★★★

Con 65 000 habitantes, Tromsø es la ciudad más grande de Europa por encima del Círculo Polar Ártico. A 70° norte, su latitud es comparable a la de las costas septentrionales de Alaska o Siberia, así que asegúrese de ir bien abrigado cuando baje del barco.

Situada en una isla, Tromsø está unida al continente por un puente de un kilómetro de longitud y está protegida del océano por la gran isla de Kvaløya.

El centro de la ciudad conserva algunas de sus antiguas casas de madera con pinturas descoloridas, lo que le confiere un aire entrañable. Hoy tiene un ambiente dinámico. Su universidad, con casi 10 000 estudiantes, tiene mucho que ver en ello. También es digno de elogio y aprecio el esfuerzo cultural de la población, con su biblioteca, sus museos y su centro de estudios polares. Su cine Verdensteatret (Storgata 93) es uno de los más antiguos de Europa.

■ GUÍA GUNNAR

✆ +47 93 44 34 43
www.guidegunnar.no
info@guide-gunnar.no

Gunnar, fundador de GuideGunnar, es conocido por su energía y entusiasmo. De origen finlandés y sami, conoce la región como la palma de su mano y disfruta compartiendo sus amplios conocimientos con sus invitados. Los conocimientos de los guías cautivan a los turistas y saldrá de allí con la cabeza llena de anécdotas fascinantes. Elija entre cuatro programas de invierno para descubrir las diferentes zonas y actividades de la región de Troms, con la aurora boreal como protagonista de la experiencia.

■ POLARIA

Johansensgt 12
✆ +47 77 75 01 00
www.polaria.no
booking@polaria.no

Un concepto que es a la vez museo, centro de estudios y parque temático que se inauguró en 1998. La arquitectura es atractiva, en forma de bloque de hielo, y las atracciones, principalmente las adorables focas, están bien diseñadas para acercar a los visitantes a la fauna del frío extremo. Las focas se alimentan a las 15 h en verano y a las 12.30 h a partir del 1 de septiembre. Un lugar ideal para que toda la familia descubra la fauna y la flora submarina de las aguas del extremo norte. Puede apadrinar a las focas para mejorar su vida.

MÅLSELV ★

Aquí es donde desova el salmón atlántico. Suben por los meandros del río a través de las llanas tierras del delta hasta este desafiante obstáculo. Al pie de la cascada, se encuentra la poza a la que Målselv debe su fama. Gracias a la escalera salmonera de 450 metros de altura, los peces más vivos llegan a las aguas del corazón de los bosques de Dividalen.

■ PARQUE NACIONAL ØVRE DIVIDAL ★★

Øvre Dividal Nasjonalpark

El paisaje es típico del extremo norte de Noruega: pinos y abedules, montañas, pantanos y lagos y extensos depósitos morrénicos. Los renos semidomésticos habitan estos espacios abiertos, que también son el hogar de los cuatro grandes carnívoros de Noruega: el

lince, el glotón, el lobo y el oso pardo.
Se accede por la 87, después tome la
carretera local a Frihetsli y luego la pista
forestal. Senderos señalizados. Refugios
no vigilados. Superficie: 770 km² protegidos desde 1971.

■ **PARQUE POLAR**   ★★
Bonesveien 319. Bardu
℃ +47 48 24 00 00
www.polarpark.no
post@polarpark.no
A 3 km de la E-6 en dirección a
Bones.
El parque de animales más septentrional del mundo, donde podrá observar
animales del Ártico en su entorno
natural. El parque alberga especies
del extremo norte, incluidos cuatro
grandes depredadores: oso pardo, lobo,
lince y glotón. Es una experiencia muy
agradable y sorprendente para los niños
y para los demás. Reserve tiempo suficiente (dos horas como mínimo), ya que

los animales a veces están escondidos
y hay que armarse de paciencia para
observarlos. Es posible reservar una
visita guiada con un cuidador del zoo
que llevará comida a los depredadores
para atraerlos.

NORDREISA   ★★

Al sur del municipio de Nordreisa,
se encuentra el parque nacional que
lleva su mismo nombre, de 806 km².
El Parque Nacional de Reisa se creó en
1986 para «preservar un hermoso valle
montañoso virgen, su flora y fauna y sus
recursos geológicos». El río Reisaelv
ha excavado un profundo cañón a
través de la meseta montañosa. Hay
numerosas cascadas, entre ellas la de
Mollisfossen (269 metros de altura), y
hay una gran diversidad de sedimentos
rocosos, de flora y de aves. En el parque
pastan los renos semidomesticados de
Kautokeino.

VISITA

© KIMMA – SHUTTERSTOCK.COM

Parque Nacional de Nordreisa.

HARSTAD

Harstad se encuentra en la isla más grande de Noruega, Hinnøya, situada al este de los archipiélagos de Vesterålen y Lofoten. Esta pequeña ciudad de apenas 25 000 habitantes se extiende escalonada, desde el puerto hacia los bosques y montañas que tiene a sus espaldas. Desde lo alto de Gangåstoppen, las vistas se pierden por el fiordo Vågsfjord hasta la isla de Senja.

Es un trayecto a pie de treinta minutos por senderos señalizados desde el aparcamiento. Harstad también ha sido testigo de varios periodos históricos y cuenta con varios yacimientos. La época vikinga, la Edad Media y la Segunda Guerra Mundial están bien representadas en la ciudad. En Harstad abundan los operadores turísticos, que pueden ofrecer visitas en grupo, excursiones en motos de nieve, paseos en trineo y mucho más. Si no conoce la ciudad, puede seguir el olor de alguno de sus restaurantes gurmé. Como si de una meca culinaria se tratara, en Harstad hay platos para todos los gustos. Tanto si quiere hacer senderismo, pasear en kayak, disfrutar de un pícnic o admirar el sol de medianoche, hay actividades para todos los amantes de la cultura y la naturaleza.

▶ **El Festival de Arte del Norte de Noruega** es un acontecimiento nacional. Se celebra en Harstad durante la semana del solsticio de verano. Para más información, visite www.festspillnn.no

TRANØY

En esta aldea junto al mar, Knut Hamsun trabajó desde los quince años como aprendiz en la vieja tienda de ultramarinos del pueblo. Aunque la tienda ha conservado su encanto de antaño, se ha convertido en una galería de arte con una exposición permanente de grabados de Karl Erik Harr que ilustran las obras más conocidas de Hamsun: «Una vez tuve un tío materno en Hamarøy, un viejo solterón rudo, tacaño y gruñón,

Harstad.

muy taciturno o, como muchas veces decimos, un buen cabezota y un hombre a sus anchas. Fue mi tío quien dejó la impresión más duradera en mi corazón. No sabía cómo tratar a un niño. Me mataba de hambre y me maltrataba», Knut Hamsun, *Por senderos que la maleza oculta*, 1949. La casa de al lado, la adorable pensión de Edvarda, tampoco ha cambiado.

Tranøy aún no es muy conocido entre los turistas extranjeros, pero Horst Tapper, la difunta estrella de la serie de televisión alemana *Derrick*, mandó construir aquí una casa de vacaciones. Desde su propiedad de 140 m², este apasionado pescador y ávido lector de Hamsun disfrutaba de una magnífica vista del fiordo Vestfjord y las islas Lofoten.

■ **FARO (TRANØY FYR)** ⭐⭐

Tranoy Fyr; ℂ +47 997 04 499
www.tranoyfyr.no – info@tranoyfyr.no
Este faro, situado a treinta kilómetros y deshabitado desde 1970, es un lugar popular entre los pintores y escritores. Un puente peatonal une la roca del faro con tierra firme. Los únicos habitantes del lugar son una veintena de eiders que vienen a anidar. Tenga cuidado, el tiempo puede cambiar muy rápidamente. Las tormentas pueden desencadenarse en cualquier momento en este faro aislado en el mar, por lo que hay que estar muy pendientes del clima. En verano, hay un pequeño y encantador restaurante que sirve desayunos con pan casero fresco, además de la comida y cena.

FINNMARK

Finnmark es la región más grande de Noruega, con menos del 2 % de la población repartida en el 15 % de la superficie del país. En la costa, los veranos son frescos y los inviernos, relativamente suaves. La región no disfruta de un clima muy estable y, hasta en verano, una tormenta puede traer nieve, niebla o llovizna en cuestión de segundos.

En el interior, la inmensa meseta de Finnmark es una llanura de tundra casi desértica con solo dos pueblos lapones: Karasjok y Kautokeino. En estas vastas extensiones (48 000 km²), podemos caminar durante varios días, incluso semanas, sin cruzarnos con un alma. Los veranos son calurosos. Cuando el sol brilla las 24 horas del día, las temperaturas pueden alcanzar los 32 °C, pero los inviernos más duros pueden hacer descender el termómetro hasta los -50 °C. En el interior de la meseta, la nieve, que cae desde principios de octubre, permanece hasta finales de mayo.

Esta larga noche invernal está iluminada por fabulosas auroras boreales. E incluso en invierno, la carretera sigue siendo perfectamente transitable. En abril o mayo, el tiempo se vuelve más suave. Aunque está más al norte que Groenlandia, Finnmark disfruta de un clima más suave. La corriente del Golfo, que atraviesa los fiordos, modera los efectos de sus latitudes extremas.

▶ **Estaciones muy marcadas.** En verano, a las vastas extensiones de nieve les suceden paisajes de marismas, lagos y ríos, vestigios de una lejana Edad de Hielo que arrasó la meseta salpicada de algunos abedules marchitados. Las inmensas praderas de tundra se extienden hasta donde alcanza la vista con sus suaves ondas, surcadas por ríos salmoneros e innumerables lagos llenos de peces.

En las marismas abundan las zarzamoras árticas y los algodoncillos que mecen sus plumas de algodón con la brisa estival. Pero estos paisajes húmedos están infestados de mosquitos, moscas negras y tábanos, una verdadera plaga en el extremo norte. Estos insectos aparecen con el deshielo repentino y asaltan los arroyos helados, donde el destello plateado de un salmón ilumina por un breve instante la densa nube negra de mosquitos. El otoño, que comienza a finales de agosto, es corto, intenso y magnífico. Durante las dos primeras semanas de septiembre, los paisajes salpicados de abedules árticos y arbustos de arándanos añiles se engalanan con sus más bellos colores ardiendo bajo el sol otoñal antes de quedar sepultados bajo un manto blanco.

▶ **Los sami** (lapones de la región llana), los *kvenes* (originarios de Finlandia) y los noruegos han vivido aquí durante generaciones. A finales del pasado siglo, se produjo una inmigración a gran escala de finlandeses, expulsados de su país por la hambruna. Su cultura *kvene* se superpuso a las dos culturas existentes: la sami (lapona) y la noruega. Muchas casas antiguas reflejan la diversidad de esta población.

Horsnes, Signaldalen y Skibotn son tres paradas interesantes por este preciso motivo. En Skibotn en particular, se celebra un mercado en el centro de la ciudad desde hace generaciones que en su día fue el verdadero punto de encuentro de los nómadas del extremo norte. La tradición perdura y vuelve a celebrarse un animado mercado en Nochevieja, en pleno verano. En Elsnes,

cerca de Skibotn, Blodveien («la carretera de la sangre») conduce hasta la meseta de Falsnes: un mirador para observar el sol de medianoche. Fue abierta por prisioneros rusos durante la Segunda Guerra Mundial, que realizaban trabajos forzados en condiciones espantosas. Búnkeres, puentes y algunas pequeñas carreteras de acceso forman parte de los restos de la Segunda Guerra Mundial: la «línea de defensa de Lyngen» (Lyngen-linja).

KAUTOKEINO

Kautokeino, «Guovdageaidnu» en sami, a 130 km al sur de Karasjok, no es más que una pequeña aldea perdida en la inmensidad de la altiplanicie de Finnmark.

KARASJOK

Aquí la tundra solo está adornada por unos pocos abedules enanos torturados por la dureza del clima. El suelo, enterrado bajo un espeso manto de nieve, produce sobre todo líquenes, esenciales para los renos.

■ MUSEO DE LAS COLECCIONES SAMI

Mari Boine Geaidnu 17
℡ +47 78 46 99 50
www.rdm.no
post@rdm.no
Este museo, fundado en 1972, es la primera institución cultural sami de Noruega. Dedicado a la cultura sami, es a la vez un museo al aire libre y una galería con varias colecciones. Incluye una «casa de río» y un modelo de campamento de pastores de renos. Expone alrededor de 5000 objetos tradicionales de todo tipo: trajes típicos, artesanía, etc. Es el lugar ideal para descubrir o aprender más sobre este pueblo.

■ **SAPMI PARK**
Leavnnjageaidnu 1; ℂ +47 78 46 88 00
www.visitnorway.no
sapmi@sapmi.no
Este parque dedicado a la cultura sami
presenta, en primer lugar, una película
de 25 minutos sobre la historia de este
pueblo, seguida de una visita a varios
edificios que recrean los modos de
vida sami durante el verano: tiendas
tradicionales o *lavvu*, refugios para la
comida, cercados con algunos renos...
A diferencia de la tienda, que es enorme,
las instalaciones no son muy grandes,
por lo que se visitan rápidamente. Todo
el personal va vestido con trajes tradicionales. Es una oportunidad para conocer
un poco más de la cultura sami, el pueblo
originario de estas tierras del norte.

ALTA

Alta es la última ciudad antes del
cabo Norte. Desgraciadamente, el
término «ciudad» no le da ni vivacidad
ni dinamismo. A pesar de sus casi
20 000 habitantes y de tener una universidad con dos mil estudiantes, Alta es
gris y triste. La ciudad se extiende a lo
largo del Altafjorden y sigue la E-6. El
aparcamiento del centro comercial, que
también alberga la oficina de turismo,
hace las veces de centro urbano y está
rodeado por varios hoteles. La economía
de Alta se basa principalmente en su
industria pizarrera, que se exporta a
todo el mundo. Por ello, no es muy recomendable detenerse en Alta, salvo para
aprovisionarse.
Sin embargo, merece la pena visitar los
alrededores. Los grabados rupestres de
hace 2500 a 6200 años, declarados
Patrimonio de la Humanidad por la
Unesco, se conservan en el museo de
Hjemmeluft. El cañón de Alta, a 30 km
en dirección a Kautokeino, y sus paisajes
de tundra también atraen a los senderistas. Asegúrese de ir bien equipado y
prevea varias horas para el circuito, de
unos veinte kilómetros. Por último, el río
Alta, famoso por sus salmones, es una
auténtica delicia para los aficionados

VISITA

© INGER ERIKSEN – SHUTTERSTOCK.COM

Finnmarksløpet, carrera de trineos tirados por perros, en Alta.

a la pesca.

■ MUSEO DE ALTA ⭐⭐
Altaveien 19
© +47 417 563 30
www.altamuseum.no
post@altamuseum.no
El museo abrió sus puertas en 1991 al borde de una zona de excavaciones de grabados rupestres descubiertos en 1973. Se trata de la mayor zona de grabados rupestres de todo el norte de Europa, catalogada como Patrimonio de la Humanidad por la Unesco. Rápidamente fue elegido como mejor museo europeo en 1993, con tres mil grabados al aire libre que datan de entre 2500 y 7000 años. En el interior del edificio, el museo presenta exposiciones sobre la prehistoria de Finnmark, la cultura sami y la misteriosa cultura de Komsa, llamada así por una montaña cercana (mirador del sol de medianoche). Es magnífico.

HAMMERFEST ⭐⭐⭐

Situada a 70° 39' 48'' de latitud norte y reconocida como ciudad el 7 de julio de 1789, Hammerfest, con su ambiente tan especial, tiene 11 000 habitantes y es la ciudad más septentrional del mundo (los otros asentamientos no llegan a la categoría de ciudad). Hammerfest se fundó gracias al comercio con Pomor, en Rusia, y cuenta con un hermoso puerto natural. Los lugareños aprendieron de los rusos del norte a cazar ballenas y osos polares en el Ártico. Hoy en día, cualquiera puede hacerse socio del Club del Oso Polar previo pago de una cuota. En invierno, como el puerto nunca estaba bloqueado por el hielo, los convoyes de trigo de

Dinamarca a Arkhangelsk pasaban por Hammerfest. Por eso la ciudad fue saqueada por los ejércitos ingleses durante las guerras napoleónicas. En aquella época, Noruega formaba parte del Reino de Dinamarca, que se había puesto del lado de Francia. En el extremo de Skansen, al otro lado de la bahía, aún se pueden ver las fortificaciones que datan de 1810. Desde lo alto de la colina de Salen, hay unas vistas panorámicas de esta costa salvaje, a menudo asolada por las tormentas del océano Ártico.

■ ARCO GEODÉSICO DE STRUVE ⭐⭐⭐
Según la descripción de la Unesco, el Arco de Struve se extiende desde Hammerfest hasta el mar Negro y atraviesa diez países en una distancia de más de 2820 kilómetros. El proyecto fue realizado originalmente por Friedrich Georg Wilhelm y representa la primera medición precisa de un largo segmento meridiano, que ayuda a definir y a medir el tamaño y la forma exactos de la Tierra y desempeña un papel clave en el desarrollo de las ciencias de la Tierra y la elaboración de mapas topográficos precisos.

▶ **Para más información**, consulte la página web de la Unesco.

■ IGLESIA – HAMMERFEST KIRKE ⭐⭐
Kirkegata 21
www.kirken.hammerfest.no
post.hammerfest@kirken.no
Esta impresionante iglesia, consagrada en 1961, es conocida por su original arquitectura, inspirada en los secaderos de bacalao que antiguamente había en el pueblo. Recuerda a la arquitectura de la

Catedral del Ártico de Tromsø. Situada en el pueblo, entre la montaña y la orilla, es la sucesora de las numerosas iglesias que ha conocido la ciudad. Las dos últimas fueron quemadas: una por un incendio en 1890 y la otra por las tropas alemanas.

GJESVÆR

Al final de una pequeña carretera al oeste del cabo Norte, Gjesvær se presenta como una pequeña hilera de casas encajonadas entre las rocas y el mar abierto, con unas magníficas vistas de los islotes que se alzan frente al puerto. También es un lugar ideal de la isla para admirar el sol de medianoche, y sus 130 habitantes dicen incluso que a menudo hace más sol aquí que en el cabo Norte. El pueblo está unido al resto de la isla por una carretera que solo existe desde 1976 y que sustituyó a las rutas marítimas, que eran la única forma de llegar a Gjesvaer.

■ COLONIA DE AVES DE GJESVÆRSTAPPAN ⭐⭐
Gjesværstappan
Este archipiélago de un centenar de islas e islotes rocosos es el hogar de enormes colonias de aves reproductoras, entre ellas una de las mayores colonias de frailecillos en el norte de Noruega. Estas aves coexisten con otras especies como alcatraces, águilas de cola blanca, alcas reales, eiders, grandes cormoranes, fulmares y págalos parásitos. Se estima que la población de aves reproductoras de estas islas ronda los tres millones de individuos.

HONNINGSVÅG ⭐⭐

Honningsvåg, centro administrativo de la región y última parada real antes del cabo Norte, carece de todo encanto. Fue completamente destruida durante la Segunda Guerra Mundial (solo se salvó su iglesia), pero cuenta, sin embargo, con un pequeño puerto muy animado. La ciudad cobra vida dos veces al día gracias a la avalancha de turistas del Expreso de la Costa. El turismo se desarrolla, pero la economía sigue basándose esencialmente en la explotación de hidrocarburos. La llamada del cabo Norte es cada vez más fuerte y desde aquí puede planear su aventura. Honningsvåg es la «ciudad cercana al cabo Norte» y ese es el principal motivo para detenerse aquí.

■ MUSEO DEL CABO NORTE (NORDKAPPMUSEET) ⭐⭐
Holmen 1
✆ +47 48 06 04 65
www.visitnorway.fr
nordkappmuseet@kystmuseene.no
Este pequeño y encantador museo explica las duras condiciones de vida en estas regiones, donde uno de cada cuatro hombres muere en el mar. ¿Cómo se vive en el paralelo 71 desde hace 10 000 años? Eso es lo que explica este museo. La explotación del plumón de eider en la isla de Store Tamsøy se interrumpió tras de la guerra, cuando todas las viviendas del norte de Noruega fueron arrasadas por los nazis. Con una economía ya frágil, la situación de los isleños ya no se pudo recuperar.

NORDKAPP ⭐⭐⭐

El cabo Norte es un acantilado de 307 metros de altura que se eleva sobre el océano Ártico. Esta costa, expuesta a la furia del océano Ártico, carece de la barrera de las islas que forman un cinturón protector más al sur.

VISITA

Aquí, cuando el mar rompe, golpea directamente contra la roca desnuda. En invierno, las tormentas son bastante frecuentes y la ruta hacia el cabo Norte a veces está cortada. El cabo Norte es un lugar turístico con aparcamiento y acceso de pago. Nordkapp no es el punto más al norte de la Europa continental, ese premio es para Knivskjelodden, al que solo se puede llegar tras una caminata de 18 km (ida y vuelta) inaccesible en vehículo. Allí estará solo en el mundo en el extremo del continente.

■ CABO NORTE (NORDKAPP) ★★★★

Fiskeriveien 4D
☎ +47 78 47 70 30
www.nordkapp.no
info@northcape.no
Al final del acantilado del cabo Norte solía haber un lugar para los sacrificios rituales sami. Hoy solo queda un gran aparcamiento, paso obligado para acceder al centro turístico escondido en el acantilado e inaugurado en 1988. No hay forma de evitar pagar, ya que la carretera está rodeada de barreras. Por lo demás, debe saber que la entrada es válida durante 24 horas. Muchas personas avispadas montan sus tiendas en el parque: una buena manera de pasar el día en un lugar increíble, en un entorno radicalmente diferente y de ahorrarse una noche de hotel y disfrutar de unas vistas impresionantes del amanecer y el atardecer en el cabo. Sin embargo, tendrá que soportar el incesante ruido de los autocares, que innegablemente quita majestuosidad al sitio. Sea como fuere, hay algo mágico en el lugar porque sabe que está en el punto más septentrional, en el fin de Europa, y ese pensamiento es suficiente. El camino que conduce al cabo Norte tiene mucho que ver con esto. La lentitud del avance, la aridez de los paisajes, todo contribuye a hacer del cabo un lugar excepcional. Si el fin del mundo es fascinante, el camino que lleva a él aún lo es más.

© ANIBAL TREJO / SHUTTERSTOCK.COM

Cabo Norte.

▶ Además de la vista del horizonte azul, la gran estructura turística excavada en los acantilados alberga un moderno complejo de tiendas, cafeterías y restaurantes, donde los precios son asequibles. Hay un pequeño museo consagrado a las primeras personalidades que llegaron al cabo Norte. El explorador-sacerdote italiano Pietro Negri, en busca del fin del mundo, fue uno de los primeros turistas en visitarlo en 1664. En 1873 le siguieron Oscar II, rey de Suecia-Noruega, y Luis Felipe, que había sido expulsado de Francia en 1795 y disfrazado de visitante ordinario. En aquella época, la única forma de acercarse al acantilado del cabo Norte era en barco y luego subir los trescientos metros hasta la cima, ya que la carretera que atraviesa la meseta no se abrió hasta 1956. Esta carretera volverá a abrirse de nuevo y el desafío físico dará acceso a una suntuosa vista de este cabo. En el interior de la sala se ha instalado un «bar de champán» frente a una bahía panorámica con una magnífica vista del sol de medianoche que dura del 16 de mayo al 28 de julio (cuando no hay niebla). Una pequeña terraza exterior cuelga sobre un precipicio de trescientos metros con vistas al gélido océano Ártico. A menudo, la niebla que surge del océano envuelve la punta del cabo Norte, que entonces parece flotar entre el cielo y el mar. Es el fin del mundo. Visítelo si puede.

HORNVIKA

Hornvika se encuentra en el extremo norte de la isla de Magerøy, a la que se llega por la carretera E-69 que rodea el fiordo de Porsanger. A unos 2,5 km al noreste de la meseta del cabo Norte, hay restos de edificios y muelles que datan de la Segunda Guerra Mundial. Hornvika era el antiguo embarcadero de barcos turísticos antes de que se abriera la carretera al cabo Norte en 1956. Todavía hoy se pueden subir los 307 metros hasta la meseta por lo que queda de los 1008 escalones construidos en la década de 1880. La flora y la fauna de Hornvika están protegidas desde 1929.

KAMØYVÆR

Kamøyvær es un pequeño pueblo pesquero con unos setenta habitantes que viven en sus pintorescas costas.

GAMVIK

El municipio de Gamvik cuenta con varios pueblos pesqueros pintorescos que visitar: Mehamn, Gamvik y Skjånes. Esta zona es la meca de los pescadores y cuenta con restaurantes que sirven pescado fresco del mar de Barents. Las vistas son impresionantes y las luces son, cómo no, una maravilla.

■ **FARO (SLETTNES FYR)**
Slettnes
✆ +47 78 49 76 02
El faro más septentrional del mundo se encuentra en la misma latitud que Alaska. En verano organizan visitas guiadas. Se llega por un sendero desde Gamvik (5 km). El faro está situado en el centro del parque natural. La carretera que lo atraviesa fue construida en 1930. Esta lleva a Varnesovnen, una cueva usada durante las evacuaciones en el otoño de 1944. El faro es ahora una casa rural en la que puede alojarse cada verano entre junio y agosto. Es una gran oportunidad para los amantes de la naturaleza, el senderismo o la pesca.

VISITA

MEHAMN

Mehamn es el centro administrativo de la provincia de Gamvik, la más septentrional de la Europa continental.
Tiene unos 1100 habitantes que viven principalmente de actividades relacionadas con la pesca. El puerto de Mehamn, donde hace escala el Expreso de la Costa, es muy dinámico.

KJØLLEFJORD

En este minúsculo puerto, la mayoría de los novecientos habitantes tienen raíces sami. Los pescadores se orientan cada vez más hacia la industria turística, esperando beneficiarse del atractivo del cabo Norte. Le aconsejamos que sea de los primeros: la zona es encantadora y auténtica. Si llega en coche, recorrerá una de las carreteras más increíbles de Finnmark desde el fiordo. Es al entrar en el Kjøllefjord cuando aparece el majestuoso acantilado de Finnkirka. A menudo se le compara con una catedral, porque ciertamente lo parece. Esta imponente obra de la naturaleza ha resistido la prueba del tiempo, el frío y las olas. Durante mucho tiempo fue un lugar sagrado para el pueblo sami.

KONGSFJORD

Kongsfjord forma parte del municipio de Berlevåg, a unos treinta kilómetros. Los glaciares son preciosos y la región ofrece paisajes que merecen cada kilómetro recorrido.

■ **PARQUE NACIONAL DE STABBURSDALEN**
Stabbursdalen
☏ +47 789 50 377
stabbursdalen@statsforvalteren.no
Stabbursdalen es un valle en la orilla oeste de Porsangerfjord. Los pinos que rodean la costa son muy viejos, algunos de hasta quinientos años. El

Kjøllefjord.

valle se estrecha hacia el interior hasta formar un estrecho desfiladero antes de ensancharse de nuevo en suaves colinas donde aflora la roca desnuda. El paisaje, con sus extensos depósitos de morrena, recuerda a la Edad de Hielo. El río Stabburselva, que riega el parque, es un buen río salmonero.

BERLEVÅG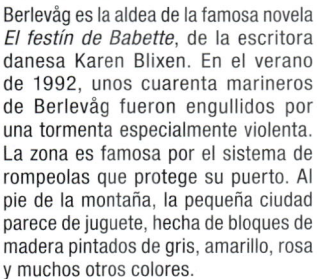

Berlevåg es la aldea de la famosa novela *El festín de Babette*, de la escritora danesa Karen Blixen. En el verano de 1992, unos cuarenta marineros de Berlevåg fueron engullidos por una tormenta especialmente violenta. La zona es famosa por el sistema de rompeolas que protege su puerto. Al pie de la montaña, la pequeña ciudad parece de juguete, hecha de bloques de madera pintados de gris, amarillo, rosa y muchos otros colores.

La carretera nacional RV-890 entre Konjsfjord y Bervelåg sigue la costa azotada por el viento a través de un paisaje de fiordos salvajes y espectaculares. Acantilados escarpados, formaciones de arenisca y pizarra, estructuras plegadas y estratificaciones oblicuas: los geólogos estarán encantados.

VADSØ

Construida en el siglo XVI, esta pequeña ciudad fue completamente destruida durante la Segunda Guerra Mundial, cuando fue ocupada por los alemanes.

A día de hoy, sigue teniendo un aspecto triste con sus casas grises y actividades mucho menos atractivas que en otros lugares.

VARDØ

«La isla del lobo» (*vargr*: lobo; *øy*: isla) se asoma al temible mar de Barents. Vardø está construida sobre suelo permafrost, es decir, suelo que nunca se descongela. Si mira el mapa, verá que está en la misma longitud que Oriente Próximo y, por tanto, se encuentra al este de San Petersburgo, Kiev y Estambul.

Pero en estas costas salvajes de las regiones árticas, situadas demasiado al este, la corriente del Golfo llega con menos fuerza y no es capaz de suavizar la severidad del clima como hace en el resto de las costas noruegas. Aquí viven más de dos mil personas. Es la ciudad fortificada más septentrional del mundo. En 2011 se construyó un monumento conmemorativo en la costa salvaje, a tiro de piedra de la fortaleza, que relata la historia de las víctimas de la caza de brujas. Vardø vive de la pesca y el turismo. Su puerto, en el mar de Barents, está libre de hielo todo el año gracias a la corriente del Atlántico Norte.

■ FORTALEZA DE VARDØ (VARDØHUS FESTNING)

Festningsgaten
✆ +47 924 68 028

Ya existía aquí un fuerte en 1307, pero la actual fortaleza, con forma de estrella, data de 1730. Se inspiró en el modelo francés, con fortificaciones que permiten ver al enemigo allí donde se encuentre. Alberga el museo de Lushaugen, dedicado a las expediciones polares y a la vida local. Es el fuerte más septentrional del mundo, conocido como puesto fronterizo de Noruega en el noreste. De vez en cuando organizan eventos: conciertos, lecturas e incluso un café de idiomas.

KIRKENES

Kirkenes, cuyo nombre significa «cabo de la Iglesia», es una antigua ciudad minera famosa por su mineral de hierro. Es la última ciudad antes de la frontera rusa, a 60 km, y está situada a 200 km de Murmansk. Su pequeño puerto es uno de los principales del mar de Barents. También es el último (o primer) puerto de escala del *Hurtigruten* (línea del Expreso de la Costa), que atrae cada día a turistas curiosos.

Aunque la ciudad en sí no tiene mucho interés, merece la pena visitar sus alrededores. A tan solo 70 km al sur de Kirkenes, confluyen las tres fronteras: rusa, noruega y finlandesa. Pero también hay tres tipos de vegetación: taiga, estepa siberiana y flora ártica, una naturaleza capaz de soportar variaciones de temperatura que oscilan entre los -52 °C y los +32 °C. Podrá avistar osos pardos, renos en libertad y, si alquila una canoa en el río Pasvik, le acompañarán curiosas focas. Nos resulta difícil entender este pueblo, su ambiente, su naturaleza y sus gentes al aterrizar aquí directamente desde una gran ciudad. Por otro lado, es el final perfecto para un viaje al norte: aquí se necesita tiempo para contemplar.

ØVRE PASVIK

Øvre Pasvik es un parque nacional noruego. Presenta una inmensa taiga siberiana. El parque se creó en 1970 y se amplió en 2003. Tiene una superficie de 119 km².

Desde 1991, Finlandia también ha declarado zona protegida este espacio natural. Y en 1992, al otro lado de la frontera, las autoridades rusas crearon un parque hermano, un *zapovednik* (reserva natural).

ARCHIPIÉLAGO DE SVALBARD

Todo el archipiélago pertenece a Noruega desde el final de la Primera Guerra Mundial y el Tratado de París de 1920. Desde entonces, está desmilitarizado. A veces, llamamos Spitzbergen al archipiélago que los noruegos llaman Svalbard, que significa «costa fría». Svalbard está situado en medio del gélido océano Ártico, a medio camino entre el cabo Norte y el Polo Norte: más de 650 km al norte de la costa noruega y a 1000 km del Polo. Cinco grandes islas y numerosos islotes forman este archipiélago de 63 000 km², casi tan grande como Irlanda, al borde de la banquisa permanente.

Sus picos rocosos, de 1700 metros de altura, tienen como escenario un invierno en el que la noche dura dos meses y medio consecutivos.

A Spitzbergen («montañas puntiagudas»), la mayor de las islas (39 000 km²), la atraviesa por el medio el Isfjord, el fiordo de hielo en cuyo lecho se encuentra Longyearbyen, una pequeña localidad minera de unos dos mil habitantes. Aunque estuvo desierta durante mucho tiempo, actualmente es la única ciudad habitada. La otra concentración de población está en Barentsburg, una comunidad rusa de ochocientas almas.

KIRKENES

Estación marítima

PRESTØYA

PRESTØYA

Museo
Lugares de interés
Punto de información
Estación marítima
Centro médico

0   250 m

Motorveien

Industriveien

Tippveien

Fjellingsveien

Prestøyveien

Parnasveien

Langarveien

Soldinveien

Hans Egedesvei

Axel Borgens vei

STORHAUGEN

PRESTEFJELLET

Fjellveien

Rugehøgda

Kjeksgårdsveien

Andersgrotta

Prestveien

Presteveien

Hågnesveien

Gjert Liens gate

Arbeidergate

Buer Larsens gate

Henrik Lunds gate

Gräffs g.

Amtmann

R. Withs gate

Memorial de la liberación soviética

R. Aankersgate

Aankersgate

Punto de información

Skjøya

Parkveien

Kjølnesgate

Ferudes gate

Pasvikveien

Kjølnesveien

Kongensgate

Carl Lunds gate

Kjelland Torvaldsensgate

Elvegata

Kristen Nygaardsgate

Pasvikveien

Cartel de bienvenida

hacia museos Grenseland y Savio

Kronprinsens gate

Storgata

Solheimsveien

Stübben

CENTRO CIUDAD

Centro médico

Policía

Kirke Gata

Dr. Wessels

Gate

Willis gate

Storgata

Longyearbyen es el centro administrativo de Spitsbergen y constituye el extremo límite de la civilización en el hemisferio norte. La mayoría de sus habitantes no viven aquí permanentemente, sino que trabajan durante el invierno para Det Store Norske, la mayor empresa minera de carbón de Noruega, con contratos anuales y un salario muy alto, y mantienen su vivienda principal en el continente. Sin embargo, algunos de ellos descubrieron en Svalbard una forma de vivir más cerca de la naturaleza y se instalaron allí con sus familias durante años. Los científicos investigan el agujero de la capa de ozono y la flora y fauna del Ártico. Además de ellos, hay que añadir la existencia de un turismo *extremo*, que se está desarrollando con bastante fuerza.

▌ **Clima polar.** El archipiélago está situado entre 10° y 28° de longitud este y 76° y 81° de latitud norte. Constituye el extremo de Europa y se encuentra a 550 millas náuticas de Papúa Nueva Guinea. Por encima de los 81° de latitud norte comienza la banquisa y luego la banquisa permanente que atraviesa el Polo y llega hasta la costa de Alaska. Debido a su proximidad al Polo, Spitsbergen queda sumido en una oscuridad total desde el 15 de octubre hasta aproximadamente el 20 de febrero. Pero a medida que se acerca abril, hasta mediados de agosto, hay luz diurna permanente. Bajo la influencia de la corriente del Golfo, Spitsbergen disfruta de temperaturas relativamente suaves, pero con un clima oceánico, el tiempo puede cambiar muy rápidamente.

Las medias anuales oscilan entre -8 °C y -12 °C, con lecturas de -1 °C a 1 °C al nivel del mar en junio. Se puede estimar una variación de -1 °C por cada 100 metros de altitud. Entre inmensos acantilados, dorados o azulados según la posición del sol, en un suelo permafrost que se convierte en un pantano en verano, crecen campos enteros de algodón ártico, una pequeña planta palustre con una borla algodonosa. La superficie de la tierra solo se descongela a un metro de profundidad en verano. Una rama de la corriente del Golfo, que llega hasta la costa occidental de Spitsbergen, modera un poco el clima. Las temperaturas oscilan entre -45 °C en invierno y 10 °C en verano.

Svalbard es un desierto ártico con muy pocas precipitaciones y dos tercios de la isla de Spitsbergen están cubiertos de hielo. Sin embargo, aún quedan amplios espacios abiertos para practicar senderismo. Necesitará ropa de abrigo, cortavientos, jerséis, gorros, guantes y, sobre todo, buen calzado para caminar, a ser posible botas de goma, ya que el suelo suele estar empapado en verano. En la actualidad, más de la mitad del territorio está protegida por reservas naturales, parques nacionales, santuarios de aves y reservas botánicas. Muchas especies de animales polares también se benefician de estas medidas de protección: aves como frailecillos, gaviotas senadoras y charranes árticos, y mamíferos como zorros polares, renos árticos, focas y ballenas.

INFO PRÁCTICA

Paisaje de Noruega.
© ANDREY ARMYAGOV – SHUTTERSTOCK.COM

INFO PRÁCTICA

Dinero

▶ **Moneda.** Corona noruega (NOK).

▶ **Tipo de cambio.** 1 NOK = 0,08 € y 1 € = 11,61 NOK (enero 2025).

▶ **Coste de la vida.** La vida es muy cara en Noruega (sobre todo la alimentación y los servicios), en correlación con los salarios. Oslo ha ostentado en varias ocasiones el título de capital más cara del mundo. Como turista, este nivel de vida puede ser una desventaja: la comida, sobre todo la carne, puede ser un 50 % más cara que en España.

▶ **Formas de pago.** Se aceptan todos los medios de pago.

▶ **Regatear.** No lo intente, pues aquí es costumbre pagar el precio ofertado sin discutir.

▶ **Propinas.** Es habitual dar propinas en Noruega, que giran alrededor del 10 % del precio total.

QUÉ HACER / QUÉ NO HACER

Qué no hacer

▶ **Criticar a la familia real,** pues es el orgullo del pueblo.

▶ **Tendrá que elegir entre beber o conducir.** Aquí no se bromea con ciertas cosas y le retirarán el carné en el acto.

▶ **Intentar hacer una jugarreta o colarse en una fila.** Los noruegos son muy respetuosos con la ley.

Qué hacer

▶ **Si le invitan a una casa particular,** agradezca a sus anfitriones la comida levantándose de la mesa y diciendo «*takk for maten*».

▶ **Dar la mano.** Los noruegos no se besan para saludar; se dan la mano cuando se ven por primera vez y están encantados de darse un abrazo (*klem*) si ya se conocen. Si se dejan, se dan una palmada en la espalda.

▶ **Decir «gracias».** En Noruega, la gente se da las gracias por casi todo. Por ejemplo, si se encuentra con alguien a quien ya ha visto antes, se acostumbra a decir «*takk for sist*» (pronunciado «taque for shiste»): «gracias por última vez», que no tiene ninguna connotación particular en Noruega.

▶ **Ser reservado al hablar.** A los noruegos no les gustan las opiniones categóricas.

Equipaje

▶ **En el neceser:** si es invierno, piense en llevar crema hidratante y bálsamo labial. Siempre es práctico y agradable viajar con artículos de aseo, pero tenga cuidado si viaja en avión: los frascos no deben superar los 100 ml cada uno para entrar en cabina.

▶ **En el botiquín:** cartilla sanitaria, comprobante de grupo sanguíneo, crema solar, vendas, antiséptico.

▶ **Ropa adecuada:** en invierno, para su comodidad, adopte el estilo noruego, es decir, calcetines calientes (preferiblemente con base de lana), calzado cálido (botas de apreski o de montaña), ropa interior térmica (Damart®), guantes, gorro, bufanda. En verano, no olvide el bañador.

▶ **Información importante:** direcciones y teléfonos de contacto en el país y de familiares, guía de viaje.

▶ **Documentación que hay que llevar:** billetes de avión, cartera, pasaporte o documento de identidad.

Electricidad

Los enchufes son los mismos que en España, así como la tensión y el amperaje, por lo que no se necesitan adaptadores.

Formalidades

Los ciudadanos de la Unión Europea pueden permanecer en Noruega tres meses sin visado, con solo un documento de identidad o pasaporte en vigor. Para estancias superiores a tres meses, hay que solicitar un permiso de residencia en la oficina de policía de la ciudad de residencia.

Idiomas

Casi todos los noruegos de la ciudad hablan un inglés impecable.

Cuándo ir

La mejor época para visitar Noruega es, sin duda, de mayo a septiembre, cuando el clima es suave y todos los lugares turísticos están abiertos. Sin embargo, si le gusta esquiar, el invierno es la estación ideal y, si tiene suerte, podrá ver auroras boreales. El periodo navideño, por su parte, es un espectáculo inolvidable que le hará olvidar el frío y los inconvenientes causados por las carreteras intransitables.

Salud

No es necesario vacunarse para viajar a Noruega, solo tendrá que llevarse el clásico botiquín de viaje.

Seguridad

▶ **Viajeros con discapacidad.** Al igual que otros países escandinavos, Noruega dispone de instalaciones generalmente muy bien adaptadas para personas con discapacitadad y movilidad reducida. Rampas, ascensores, asistencia en las estaciones, aseos... En 2005, el gobierno creó un centro nacional de documentación para dar a conocer mejor las iniciativas de accesibilidad y evaluar las necesidades en materia de alojamiento e instalaciones. Cada año, esta institución presenta un informe sobre la situación de las personas con discapacidad en el país.

▶ **Viajeros LGTBI.** En junio de 2008, Noruega se convirtió en el sexto país en legalizar el matrimonio entre personas del mismo sexo y la adopción de niños por parejas homosexuales.

▶ **Viajar con niños.** La mayoría de los museos tienen entradas *familiares* con descuento, a menudo para una pareja y dos niños. Siempre encontrará algo si viaja con una familia más numerosa. Los albergues juveniles (*Vandrerjhem*) suelen ofrecer habitaciones con cuatro o cinco camas. Los hoteles permiten añadir una cama supletoria en la habitación para no separar a padres e hijos pequeños.

▶ **Mujeres solas.** Noruega es un país muy igualitario y seguro.

Teléfono

▶ **Prefijo:** 47.

▶ **Para llamar de España a Noruega:** marque +47 y el número de su contacto.

▶ **Llamadas locales:** en Noruega no hay prefijo de ciudad ni de región. Los números de teléfono noruegos tienen ocho cifras.

▶ **Para llamar de Noruega a España:** marque + 34 y el número completo.

El funicular de Bergen ofrece una vista magnífica de la ciudad.

ÍNDICE DE CONTENIDOS

■ **N - O** ■

■ **P** ■

■ **R** ■

■ **S** ■

EDICIÓN

Coordinación de la colección:
ALHENAMEDIA, Stéphan SZEREMETA, Dominique
AUZIAS y Jean-Paul LABOURDETTE
Autores: Baptiste THARREAU, Antoine RICHARD,
Joanna DUNIS, Elisa VALLON, Camille RENEVOT,
Manon LIDUENA, Jean-Paul LABOURDETTE,
Dominique AUZIAS y otros
Director editorial: Francisco BARGIELA
Editora: Elena CODINA
Traducción y corrección: Almudena RUÍZ

DISEÑO Y DIAGRAMACIÓN

Maquetación y montaje: María de los Llanos
ZOTES, Romain AUDREN, Julie BORDES, Delphine
PAGANO
Iconografía y cartografía: Anne DIOT,
Julien DOUCET

AUTORES Y CREADORES DE LA COLECCIÓN

Dominique AUZIAS y JEAN-PAUL LABOURDETTE
© Textos: Dominique AUZIAS
y JEAN-PAUL LABOURDETTE
© Mapas: Petit Futé
© Edición en español: Alhena Fábrica
de Contenidos y Petit Futé
© Traducción: Alhena Fábrica de Contenidos
y Petit Futé

Editado por **Alhenamedia** conjuntamente con **Les
Nouvelles Editions de l'Université,** 18, rue des
Volontaires, Paris, Francia.
Publicado originalmente en Francés por Les
Nouvelles Editions de l'Université bajo el título
Norvège.

■ CARNET DE VIAJE NORUEGA ■

ALHENAMEDIA
C/ Rabassa, 54, local 1. 08024 Barcelona
Tel. +34 934 518 437
alhenamedia@alhenamedia.info
www.alhenamedia.info
Cubierta: Islas de Lofoten. © tonefotografia
ISBN : 978-84-18086-65-6
Depósito legal: B-5185-2025
Impreso en España por
Gráficas Lidergraf

EU Ecolabel:
PT/053/001

RECOJA Y RECICLE EL PAPEL USADO